CAMILO JOSÉ CELA

VOYAGE EN ALCARRIA

*Traduit de l'espagnol
par Marie-Berthe Lacombe*

GALLIMARD

Titre original :

VIAJE A LA ALCARRIA

© *Éditions Gallimard,* 1961.

Carte de l'Alcarria

AVEC L'ITINÉRAIRE SUIVI PAR LE VOYAGEUR

L'Alcarria est une région naturelle de la Nouvelle-Castille aux limites assez imprécises et qui ne correspondent à aucune division administrative. Elle s'étend à l'est et au sud-est de la Province de Guadalajara et déborde sur celle de Cuenca. Elle est peu fréquentée, pittoresque et accidentée, bien arrosée et fertile dans les vallées. La steppe et le maquis occupent une grande partie de son sol avec une flore aromatique exceptionnellement variée et abondante qui produit un miel excellent. L'Alcarria est dominée par de curieuses montagnes appelées les Tetas de Viana.

A toi, amoureux de la nature,
Qui communies avec ses formes visibles,
Elle parle un langage varié.

        WILLIAM CULLEN BRYANT

Dédicace

Mon cher don Gregorio Marañon [1],

J'ai une dette envers vous. Bien des choses n'existeraient pas en moi sans votre généreuse amitié qui m'a beaucoup appris. Je n'essaie pas de m'acquitter en vous offrant aujourd'hui ces quelques pages. Au nombre de mes défauts, je ne crois pas qu'on puisse compter celui de ne pas voir la réalité telle qu'elle est, surtout quand elle se présente, comme c'est le cas, aussi clairement que si elle était placée sous une lampe électrique. Je vous envoie ce livre dans une autre intention. Les dettes qu'on ne peut pas payer, le mieux c'est de n'en pas parler et de passer outre. Je vous dédie mon Voyage en Alcarria simplement parce que je sais que vous aimez ce genre de récits.

L'Alcarria est un beau pays qui n'attire personne. J'y ai passé quelques jours et il m'a plu. Il est très varié et, sauf le miel qui est raflé par les accapareurs,

1. Depuis que ces lignes ont été écrites, on sait que Gregorio Marañon, éminent médecin et grand écrivain espagnol, est mort — le 27 mars 1960 — universellement regretté. (N. de la Trad.)

on y trouve de tout : du blé, des pommes de terre, des olives, des tomates et du gibier. Les gens m'ont semblé bons. Ils parlent un castillan magnifique, avec un accent parfait, et, sans trop savoir ce que je venais faire chez eux, ils m'ont cependant bien traité, m'ont donné à manger, sinon abondamment, du moins toujours amicalement. Dans un certain village, j'ai même été considéré comme l'hôte d'honneur de la Municipalité qui a payé mon auberge. En compensation, dans un autre, j'ai été détenu par ordre du Maire, un albinos alcoolique et à moitié bègue. On m'a enfermé un jour entier et une nuit dans une cave malodorante, nourri d'une vague soupe à l'ail et de deux canons de piquette. Je partageais ce cachot avec un gitan, à peu près de mon âge, qui avait volé une mule. Il était persuadé, je ne sais pourquoi, que j'étais comédien et il me disait sans cesse : « Puisque vous êtes artiste, pourquoi ne voulez-vous pas en convenir ? » Impossible de faire entrer dans la tête de cet homme que, si je ne voulais pas en convenir, c'est uniquement parce que je ne l'étais pas. Je passe ce village sous silence dans mon livre, car j'aurais peu de choses agréables à en raconter.

Quand on m'a relâché, j'ai continué mon voyage et, quand j'ai senti la fatigue, je suis rentré à Madrid. Pendant mes allées et venues à travers l'Alcarria, j'ai toujours consigné dans un cahier tout ce que je voyais et ce sont ces notes qui ont formé le canevas de mon livre. Dans ce voyage, je n'ai rien vu d'extraordinaire, aucune monstruosité — un crime, une naissance de

DÉDICACE

triplés, un possédé du démon — et maintenant je m'en réjouis. En effet, comme j'avais l'intention de raconter ce que j'avais vu — car ce livre n'est pas un roman, mais plutôt une géographie —, si maintenant je décrivais des atrocités on prétendrait que j'exagère et personne ne me croirait. Dans un roman tout est permis, à condition de respecter le sens commun ; mais dans la géographie, qui est une sorte de science, évidemment tout ne l'est pas et il ne faut dire que la vérité.

Voici, mon cher don Gregorio, je n'ai pas autre chose à vous offrir. C'est peu ; mais enfin c'est mieux que rien. Je vous envoie aussi une fleur que j'ai cueillie dans un fossé. Depuis ce temps-là, je l'ai gardée entre les pages d'un livre et elle est maintenant desséchée. Je crois qu'elle est jolie.

Je vous prie d'accepter ce cadeau que vous offre, avec la meilleure intention du monde, votre dévoué

C. J. C.

Préface

C'est au bord de la mer que j'écris quelques mots d'introduction à ce Voyage en Alcarria, *qui parle de terres sèches, et je voudrais seulement insister sur certaines particularités qui, dans ce genre de récits, me paraissent importantes.*
Le Voyage en Alcarria *est avant tout un livre ancien. C'est aussi un livre que j'ai écrit en me promenant et un peu à la bonne franquette.*
L'expression « livre ancien » pourrait induire en erreur, mais non les deux autres. Elles sont claires et doivent être admises, sans plus de complications, dans leur sens immédiat. Avec l'adjectif « ancien » j'ai voulu — et je continue à vouloir — donner à entendre que mon Voyage en Alcarria *est un livre orthodoxe, conçu et écrit selon les plus vieilles normes qui ont guidé les voyageurs narrateurs : la véracité, la simplicité, la bonne volonté pour accepter l'imprévu et pour le comprendre. Ces normes qui ont servi, avec plus ou moins de talent, à Marco Polo, au navigateur Alain Gerbault, au Portugais Ponz, à Ciro Bayo, à l'explo-*

rateur *Amundsen* et au dernier manœuvre de service sur les bords de l'*Orénoque*, cette éternelle et gigantesque noria [1].

A la différence de la poésie et du roman, qui ont sensiblement évolué sans qu'on puisse affirmer avec une complète certitude si c'est en bien ou en mal, le livre de voyage, ce beau genre cendrillon parmi tous ceux qui cherchent à instruire, n'a presque pas changé depuis qu'il a été inventé. Aujourd'hui comme hier, l'écrivain voyageur est un homme qui parcourt un pays ; il s'étonne honnêtement de ce qu'il voit ; il le note de son mieux et ensuite, quand il le peut et quand on le laisse faire, il publie un livre. Si l'écrivain voyageur visite le Congo ou le Tanganyika, il parlera de lions et d'éléphants, d'émouvants « safaris » [2] et de flore exubérante. S'il ne dépasse pas l'*Alcarria*, il décrira la fouine moustachue, l'abeille laborieuse, la petite fleur sylvestre, le berger qui garde les chèvres et grave, à la pointe de son couteau, des cœurs enlacés sur son amoureuse baguette de frêne vert, fraîchement cueillie. En définitive, c'est la même chose. L'écrivain voyageur accomplit sa mission en reflétant ce qu'il voit, sans rien inventer. A l'invention sont réservés d'autres secteurs de la littérature.

Ce Voyage en Alcarria est aussi un livre d'évasion, écrit en se promenant par quelqu'un qui a « pris la

---

1. Allusion à un voyage de l'auteur au Venezuela, dont il a fait un livre : *La Catira*. *(N. de la Trad.)*
2. Expéditions qu'organisent les chasseurs de fauves, en Afrique noire. *(N. de la Trad.)*

clef des champs ». *Cette expression peut se traduire d'une façon proche et directe et signifier simplement se mettre en route, fuir la cité et les citoyens pour aller dans les sentiers de la campagne écouter l'harmonieux gazouillis du chardonneret et voir se lever et se coucher notre père le soleil. Elle peut avoir aussi le second sens, plus recherché et plus éloigné, qu'on exprime par les mots :* « *se jeter dans le maquis* », *ou, si l'on veut,* « *tourner la page* », « *jouer le tout pour le tout* » *et même* « *employer les grands moyens* », *comme la chirurgie de guerre. Je pense que les deux sens conviennent à l'écrivain voyageur et qu'il doit se trouver dans ces deux situations à la fois pour mener à bien son travail et suivre, avec grâce et bonheur, les règles établies.*

Le paysage et l'homme — malgré ce que rabâchent les timorés, les étourdis et les rigoristes — ne se découvrent pas dans les livres. Et, en dépit de ce qu'on peut raconter, ils se présentent d'une certaine manière, qui n'est pas toujours la plus commode et la plus opportune, et non d'une autre. Donc, en décrivant l'homme et son milieu, sans se mêler de ce qui ne le regarde pas, ni se casser la tête en complications inutiles qui l'entraîneraient à tirer des conclusions philosophiques, morales et politiques (ce que le lecteur fera bien tout seul, s'il en est capable), l'écrivain voyageur accomplit sa tâche et c'est assez. Et surtout il ne se trompe pas et il ne trompe personne. Le livre de voyage n'est pas favorable à la mystification, car la campagne et la mer, les animaux et les gens apparaissent dans leur vérité toute nue à celui qui les aborde avec des yeux où s'expriment clairement et avec surabondance une bonne intention et une bonne foi décidées, ce qui est le meilleur des passeports pour arriver jusqu'à eux. Autrement, les animaux et les gens font comme les villes, ils se dérobent et se travestissent.

Dans le Voyage en Alcarria, comme dans presque toutes mes œuvres, sauf quelques pages écrites au début de ma carrière, les choses sont racontées à la bonne franquette, telles qu'elles sont, ou telles que je me les figure. Les détails fantaisistes des livres de voyage, l'interprétation des villages et des gens, le folklore, etc. ne sont que des dérobades pour ne pas aller au fait. Je pense que la meilleure manière de procéder est de « saisir le taureau par les cornes » et de dire : « Ici, j'ai vu une maison, ou un arbre, ou un chien en train de crever », sans s'arrêter à examiner si la maison est de tel ou tel style, si l'arbre convient ou ne convient pas à l'économie du pays et si le chien, vacciné à temps contre la maladie du jeune âge, aurait pu vivre plus vieux. Les livres de voyage sont, en général, débordants de pédanterie, ce qui est la façon la plus facile de les emplir puisqu'on la trouve toute prête dans l'Encyclopédie Espasa-Calpè ou dans le Petit Larousse Illustré.

Et c'est tout ce que je voulais dire. J'ignore si l'air parisien conviendra à la simple et rustique Alcarria ; mais au moins nous serons fixés.

C. J. C.

Palma de Majorque — Mai 1958.

1. *Quelques jours auparavant*

Le voyageur, la tête renversée en arrière, est étendu sur une chaise longue tapissée de cretonne. Distrait, il regarde le plafond et son imagination s'envole librement, tel un maladroit papillon mourant qui frôlerait à petits coups les murs, les meubles et la lampe allumée. Le voyageur est fatigué et il éprouve un grand soulagement à laisser aller ses jambes, à la manière des marionnettes, dans la première position qu'il leur plaît de prendre.

C'est un homme jeune, grand et mince. Il est en manches de chemise et fume une cigarette. Depuis plusieurs heures il ne parle à personne, il n'a personne à qui parler. De temps en temps, il boit une gorgée de whisky et il siffle doucement quelque petite chanson.

La maison entière est silencieuse ; la famille du voyageur dort. Dans la rue, le roulement attardé d'un taxi rompt, à des intervalles très éloignés, la bienveillante quiétude des veilleurs de nuit.

La pièce où se trouve le voyageur est sens dessus

dessous. Sur la table, des centaines de feuillets en désordre témoignent de nombreuses heures de travail. Etendues à terre, fixées au mur par des punaises, dix, douze, quatorze cartes sont annotées, marquées de traits d'encre et de crayon rouge fortement accentués, sillonnées de petits drapeaux blancs montés sur des épingles.

— Ensuite, tout ceci ne sert à rien. C'est toujours la même histoire !

Au dossier d'une chaise dort un veston de gros velours de chasse. Sur le tapis, à côté d'une pile de romans, reposent de lourds souliers ferrés. Une gourde neuve attend son contenu de vin rouge. La noble, la vieille horloge de noyer sonne le dernier coup d'une heure avancée de la nuit.

Le voyageur se lève, va et vient dans la pièce, redresse un cadre, hume quelques fleurs. Les mains dans les poches de son pantalon, les sourcils froncés, il s'arrête devant une carte d'Espagne.

Il parle lentement, lentement, pour lui-même, à voix basse.

— Oui, l'Alcarria... Ce doit être une région agréable à parcourir à pied. J'y penserai... Partirai-je finalement ? Cela dépend. Peut-être ne partirai-je pas.

Il allume une autre cigarette, se sert un autre whisky.

— L'Alcarria de Guadalajara. Pas celle de Cuenca, pour le moment. A moins que je ne traverse les bois de pins.

Et il ajoute avec une moue des lèvres :

— Après tout, si je pars, quelle importance cela peut-il avoir que je m'écarte un peu de l'itinéraire fixé ?...

Il bouleverse les papiers qui encombrent la table pour chercher un double décimètre. Quand il l'a trouvé, il revient près du mur et, la cigarette à la bouche, les sourcils froncés pour que la fumée n'entre pas dans ses yeux, il passe la règle sur la carte.

— Des étapes moyennes, ni courtes ni longues, voilà le secret. Une lieue, une heure de repos. Une autre lieue, un autre repos et ainsi de suite. Vingt ou vingt-cinq kilomètres par jour, c'est déjà une bonne trotte. Il faut marcher le matin... Ensuite, sur le terrain, tous ces projets s'envolent au vent.

Il cherche des notes, consulte un carnet, feuillette une vieille géographie, étend sur la table une carte du pays.

— Les régions naturelles, c'est la seule division certaine. Il n'en existe pas d'autres. Les rivières unissent et les montagnes séparent.

Le voyageur se laisse distraire un moment et retire d'un rayon le premier livre qui lui tombe sous la main : *L'Histoire de la Galice* de Manuel Murguia. Il n'en a pas besoin du tout. En réalité, il l'a pris tout à fait inconsciemment.

— Tiens ! Ceci est amusant.

Il dort à moitié et pique du nez deux fois sur le livre en le feuilletant. Quand il aperçoit au bas d'une illustration : « Cromlech de Pontes Garcia Rodriguez », il se réveille, remet l'ouvrage à sa place et

pense que sa bibliothèque est plutôt mal classée. L'*Histoire de la Galice* se trouve entre une *Physiologie et Hygiène* qui lui a servi pour le baccalauréat et le roman d'Hemingway, *The sun also rises.*
Le voyageur revient à la carte.
— Je contournerai les villes, comme font les colporteurs et les gitans.
Il se gratte un sourcil et plisse le front. Il n'est pas très convaincu.
— Ou plutôt, non. Je ne les contournerai pas. Les villes, il faut les traverser l'après-midi quand les jeunes filles sortent se promener avant d'aller à l'église réciter le chapelet.
Il sourit. Ses yeux sont à demi fermés, comme s'il rêvait.
— Bien. Nous verrons ensuite.
Il garde un instant le silence et réfléchit confusément, précipitamment. Puis, s'apercevant de l'heure tardive, il murmure :
— C'est effrayant !
Le voyageur — qui tout d'un coup se sent fatigué, tel un oiseau blessé par une balle — pense finalement qu'il n'a plus qu'à se décider ; que sans doute il tourne et retourne beaucoup trop dans sa tête les détails de ce voyage et qu'il devrait se laisser aller aux circonstances, suivre, ici ou là, la brise favorable, un peu comme les feux dans la campagne qui s'inclinent d'un côté ou d'un autre, selon la direction du vent.
Il boit au goulot une dernière gorgée de whisky.
— Non. J'imagine des projets en l'air, comme Per-

rette. Ce que j'aurai de mieux à faire c'est de mettre sac au dos et de partir.

Il se déshabille, déplie la couverture de fourrure, éteint la lampe et s'installe sur la chaise longue tapissée de cretonne.

Dehors, le veilleur de nuit va et vient et frappe le trottoir en cadence avec son bâton ferré. A travers les persiennes filtre une faible clarté. Les premières charrettes des chiffonniers passent lentement, encore engourdies. Le voyageur s'est endormi.

2. *Sur le chemin de Guadalajara*

Serait-ce l'aube ?... Non, il est encore trop tôt.

Quelques jours ont passé. Le voyageur se lève en pleine nuit, par une nuit noire, avant même les petits oiseaux de la ville. Il s'habille à la lumière électrique, dans un profond silence. Depuis des années il ne s'était pas levé avant le jour. Quand il se rase, à cette heure indue, il éprouve une impression bizarre, une sorte de soulagement à retrouver une coutume injustement oubliée, alors que les voisins dorment encore et que le pouls de la cité, comme s'il était honteux de se faire remarquer, bat aussi doucement que celui d'un malade.

Le voyageur est gai. Il siffle, approximativement, un petit couplet qu'il a entendu au cinéma et, un peu plus tard, il parle avec sa femme. Il est marié. Les voyageurs mariés, quand ils sont sur le point de partir, ont toujours quelqu'un près d'eux pour faire chauffer leur petit déjeuner et entretenir la conversation pendant qu'ils se rasent, à la parcimonieuse lumière électrique du matin.

Une heure avant le départ du train, le voyageur descend l'escalier de sa maison. Il est d'abord entré dans la chambre de son petit garçon, qui dort à plat ventre, comme un jeune chien, parce qu'il a trop chaud.

— Au revoir. Tu as tout ce qu'il te faut ?

— Au revoir. Embrasse-moi... Je crois que oui.

Dans la rue, le voyageur fredonne. Il n'a pas beaucoup d'oreille et ne retient guère que le commencement des chansons. Le Métro est encore fermé et les tramways lents, distants, branlants semblent de vieux bourricots jaunes et enflés, à moitié morts.

Le voyageur marche et pense avec philosophie que l'événement qui se présente est toujours le meilleur. C'est agréable d'aller à pied, au milieu de la chaussée, accompagné par le bruit des souliers ferrés qui résonnent contre les murs. Les fenêtres et les persiennes sont fermées. Derrière les vitres, les hommes et les femmes de la ville dorment et cachent Dieu sait quel sort privilégié ou maudit. Certaines maisons ont l'air d'abriter des gens heureux ; mais des rues entières ont une apparence sinistre et semblent peuplées d'êtres sans conscience, de trafiquants, d'usuriers, d'inquiétants provocateurs éclaboussés de sang. Les demeures des heureux n'ont peut-être pas un seul petit pot de menthe ou de marjolaine à leurs fenêtres. Et quelquefois les maisons occupées par des créatures que l'infortune tient à la gorge et qui sont cruellement aux prises avec la haine ou le désespoir fleurissent leurs balcons de géraniums et d'œillets épanouis et gros comme des pommes. La physionomie des maisons est un mystère et prêterait à de longues réflexions.

Le voyageur, en tournant et retournant ces idées dans sa tête, longe les murs du *Retiro* et arrive à la Porte d'Alcala. Tout ce qu'il pense lui paraît clair, mais ce qu'il voit est encore confus. Le jour essaye de poindre, avec précaution, sans hâte et il frôle les câbles les plus élevés, les terrasses les plus hautes, pendant que les moineaux, à peine éveillés, pépient comme des perdus dans les arbres. Les pelouses du parc sont occupées par la république des chats errants, deux douzaines de malheureux chats sans maître, deux douzaines de chats gris, maudits et galeux, de chats qui n'ont pas de foyer et qui déambulent silencieusement comme des prisonniers sans espoir ou des malades incurables abandonnés de Dieu.

Les portes des maisons sont aussi fermées que de misérables bourses et les veilleurs de nuit, galonnés d'or neuf et brillant, regardent avec une certaine défiance passer le voyageur qui se dirige vers la gare, sac au dos, l'air insouciant et peut-être même légèrement débraillé.

Le voyageur est plein de beaux projets. Il pense décortiquer le cœur de l'homme qu'il rencontrera en chemin, pénétrer d'un seul regard l'âme de celui qu'il croisera sur la route aussi facilement qu'il jettera un coup d'œil par-dessus la margelle d'un puits. Il a bonne mémoire et, en quittant la ville, il désire, en guise de lest, se débarrasser de toute mauvaise intention. Du fond de sa poitrine jaillissent, à voix haute, les vers de don Antonio Machado, le poète qui posséda, à ce qu'on raconte, le corps le plus sale et l'âme la plus limpide qui aient jamais existé.

— Quand je reviendrai, je voudrais pouvoir proclamer une foule de vérités, si évidentes qu'elles vont d'elles-mêmes au but, comme l'eau de la rivière va à la mer. Je vais être entouré de gens honnêtes qui économisent pendant des mois entiers, peut-être pendant des années, pour s'acheter une petite descente de lit et je voudrais pouvoir répéter, le regard affable et l'attitude résignée, les sages paroles de don Antonio :

De toutes parts, j'ai vu
Des caravanes de tristesse,
Des hommes mélancoliques et hautains
Enivrés d'ombres noires.

Et des pédants pontifiants
Qui regardent, se taisent et se croient savants
Parce qu'ils ne boivent pas de vin
Dans les tavernes.

De mauvaises gens qui encombrent la terre
Et l'empestent...

Tout en récitant ces vers, le voyageur arrive à la Fontaine de Cybèle. Les dernières filles du *cabaret de las llamas*[1] vendent tristement sous les premières, les

1. On appelait ainsi, à Madrid, pendant les années qui suivirent immédiatement la guerre civile, de pauvres filles qui se tenaient la nuit près de la Fontaine de Cybèle et que les

incertaines lueurs du jour, leur anis et le reste de leurs marchandises, aux noceurs élégants qui rentrent chez eux. Ces filles sont jeunes, très jeunes, mais leurs regards expriment la singulière, la sainte douleur des bêtes soumises, victimes du mauvais sort et de leurs mauvais instincts.

Le voyageur prend la Promenade du Prado. Sous les arcades de la Poste Centrale, à même la pierre, des vagabonds dorment à poings fermés dans leur vermine. Une femme, coiffée d'une mantille, se hâte vers la première messe. Deux gardes, assis sur un banc, le fusil entre les jambes, fument pour tromper leur ennui. Les noirs, les mystérieux tramways de nuit passent en se balançant sur leurs roues d'un côté à l'autre. Ils sont conduits par des hommes sans uniforme, silencieux comme des morts, coiffés d'un bonnet et le visage entouré d'un cache-nez.

— Il faut dire aussi qu'il y a de tout dans la vigne du Seigneur et qu'il existe une autre vérité.

Et le voyageur récite la suite des vers d'Antonio Machado :

Et de toutes parts j'ai vu
Des gens qui dansent et qui jouent
Quand ils le peuvent et qui labourent
Leurs quatre pouces de terre.

passants appelaient *las llamas*, pour leur acheter de l'anis, des cigarettes et quelque autre marchandise de marché noir. Il arrivait qu'un *caballero* achetât la fille et l'étalage entier; mais, si elles étaient toutes misérables, elles n'étaient pas toutes, ni forcément, de mœurs légères. *(N. de la Trad.)*

*Jamais, en arrivant, ils ne demandent
Où ils sont.
Ils voyagent, montés
Sur le dos d'une vieille mule.*

*Ils ne se pressent jamais,
Pas même les jours de fête.
Ils boivent du vin s'ils en trouvent,
De l'eau fraîche, si le vin manque.*

*Braves gens qui vivent,
Travaillent, rêvent et passent
Et, un jour quelconque,
S'en vont reposer sous terre.*

Près des grilles du Jardin Botanique, le voyageur sent, — ce qui lui arrive quelquefois — un frisson subit. Il allume une cigarette et il essaye d'éloigner de son esprit les tristes pensées. Deux employés de tramways le croisent en silence, les mains dans les poches, le mégot entre les lèvres. Un enfant déguenillé fouille un tas d'ordure avec un bâtonnet. Quand le voyageur passe, il lève la tête et s'écarte, sans doute pour essayer de donner le change. L'enfant ignore qu'il ne faut pas toujours se fier aux apparences, que l'habit ne fait pas le moine, que dans la poitrine de ce voyageur d'aspect bizarre et même effrayant bat un cœur ouvert de part en part, aussi ouvert que la campagne et les champs. L'enfant lance un regard méfiant, un regard de chien battu. Il ne devine pas la tendresse infinie qu'éprouve le voyageur pour les petits abandonnés, les petits errants qui, au lever du jour, fouillent avec une baguette les tas d'ordure odorante et fraîche.

Quelques brebis, sales et pelées, marquées d'un B imprimé en rouge sur leur dos, s'en vont vers l'abattoir. Les hommes qui les conduisent, sans doute pour se distraire, leur allongent de temps en temps quelques coups de bâton, cependant qu'elles s'obstinent avec une expression à moitié rancunière, à moitié stupide, à lécher le sol stérile et poussiéreux, recouvert d'asphalte.

Une charrette de légumes dévale gaiement la côte de Mayano. Les étalages de livres d'occasion gardent hermétiquement leur immense butin d'illusions vaines qui échouèrent, hélas ! au milieu de l'indifférence générale.

Dans la descente qui conduit à la gare, des femmes offrent au voyageur du tabac, des bananes, des bouchées d'omelette froide. Des soldats portent leur cantine sur le dos, des campagnards coiffés d'un chapeau souple vont prendre le train pour retourner chez eux. Au milieu du vacarme des moineaux qui emplissent par milliers les arbres du jardin, perce le sifflement d'un merle. Dans la cour, la longue, la lente file des personnes qui désirent un billet est déjà formée. Une famille dort sur un banc de fer, sous une affiche qui recommande : « Attention aux voleurs ! » Accrochées aux murs, une quantité d'annonces de produits vieux de quarante ans, de remèdes qui n'existent plus, d'emplâtres absorbants, de chaussettes contre le coryza, de moyens infaillibles et ineffables d'enrayer la calvitie, saluent le voyageur.

Il éprouve en passant sur le quai une sensation d'étouffement. Au long des voies encore noires, les trains semblent dormir et les gens, impressionnés par l'obscurité et le silence, vont et viennent sans parler entre les files de wagons pour trouver une place à leur convenance. Quelques faibles lampes électriques répandent à peine une insuffisante clarté. Le voyageur, pendant qu'il cherche les troisièmes classes, pense qu'il se trouve dans un immense magasin de cercueils, peuplé d'âmes en peine qui portent sur leurs épaules la double charge de leurs péchés et de leurs bonnes œuvres.

Le compartiment n'est pas éclairé. Quelques personnes, assises sur la banquette de bois dur, fument en sommeillant. De temps en temps, le bout d'une cigarette brille, une allumette craque et illumine fugitivement un visage rougeoyant et mal rasé. Des ouvriers s'installent, enlèvent leur veston qu'ils jettent sur leurs épaules et posent leur gamelle enveloppée d'un mouchoir sur leurs genoux. Un groupe de pêcheurs montent, le panier de rotin en bandoulière, et disposent les lignes avec soin. Des femmes entrent, portant au bras de grands paniers, des campagnardes qui sont venues à Madrid vendre des œufs, du *chorizo* [1]

---

1. *Chorizo* : sorte de saucisson, bien épicé de piment rouge et très savoureux. *(N. de la Trad.)*

ou du fromage et acheter une cotonnade imprimée, qui leur fera une robe des dimanches, et une casquette à visière pour leur mari. Deux gardes civils se placent au bout du compartiment, l'un en face de l'autre, à côté de la portière, sous le signal d'alarme et sous la plaque émaillée qui reproduit l'extrait du texte législatif concernant les usagers du chemin de fer.

Les lumières du quai s'éteignent et l'obscurité est complète. Plusieurs soldats d'un régiment de Cavalerie, cantonné à Alcala de Henarès, et qui font tous les jours le même trajet, sautent dans le train au moment où il s'ébranle.

Il part. L'horloge indique maintenant sept heures. Dès que le convoi dépasse la verrière, le voyageur s'aperçoit qu'il fait grand jour. Deux trains sont partis en même temps et roulent côte à côte jusqu'à ce que l'un tourne vers Gétafè. Leur course parallèle, les physionomies des voyageurs qui se mettent aux portières pour s'examiner mutuellement, sont amusantes. Certains saluent de la main et poussent des cris, sans doute pour encourager le train à marcher plus vite. Saura-t-on jamais pourquoi les voyageurs d'un train envient toujours un peu ceux d'un autre train ? C'est ainsi, bien que ce soit difficile à expliquer. Un voyageur, c'est un fait, changerait volontiers de place avec un autre voyageur, fût-il de troisième classe, comme lui-même.

Un ciel d'un rose violent, poli comme un miroir, un ciel qui semble de verre coloré, s'étend sur la cité. Le train roule longtemps entre des voies et des tas de charbon ; entre des machines désaffectées, de vieilles machines qui ont atteint leur jubilé et qui sèchent au soleil à l'instar des chevaux morts au cours de la bataille. Dans un wagon détaché, un wagon solitaire, une douzaine et demie de vaches noires, aux longues cornes et aux mamelles creuses et poilues, sont entassées. Elles attendent stoïquement l'heure d'être égorgées avec le grand couteau à saigner les bêtes. Le voyageur pense qu'elles doivent mourir de soif et ne pas comprendre ce qui leur arrive.

Après le dernier aiguillage, le dernier signal, le dernier disque, le soleil apparaît à l'horizon. Les enfants ne jouent pas encore dans les faubourgs extérieurs. Au loin, vers le sud, se profile, isolé, le *Cerro de los Angelès* [1]. La campagne est verdoyante et la végétation avancée. On ne se croirait pas si près de Madrid. Entre deux champs de blé, une terre inculte est couverte de coquelicots qui se balancent doucement à la brise légère du matin. Le train avance maintenant sur une voie libre. Le voyageur quitte la portière du couloir, s'assied, allume une cigarette et appuie la tête contre le dossier de la banquette.

Le silence du compartiment est violemment rompu à la halte de Vallecas. Un homme, vêtu d'un veston mauve, un mouchoir autour du cou, une dent en or, monte dans le wagon et offre à grands cris des billets

---

1. Colline des Anges : au milieu de la plaine, à 13 km. de Madrid, environ. Surmontée d'une statue colossale du Sacré-Cœur. Appelée vulgairement le *Punto*, le point central de l'Espagne. *(N. de la Trad.)*

de loterie formés par des séries de cartes à jouer, numérotées au revers.

— Tentez la chance, messieurs et mesdames ! Gagnez un paquet spécial de bonbons fins ou un petit sac d'amandes, au choix ! Un sou la carte ! Ensuite, en l'honneur du gagnant, je tirerai au sort la poupée Manolita, le jouet à sensation !

Le voyageur veut essayer. Il achète une série et la garde dans la main, indécis, ne sachant que faire. Il n'a pas l'habitude du jeu. Il lève la tête et regarde par la portière. Vers le nord, à l'horizon, il aperçoit la Sierra de Guadarrama et il y distingue quelques crêtes — la *Maliciosa,* Valdemartin, les *Cabezas de Hierro* — encore couvertes de neige.

L'homme à la dent en or a fait tirer, comme il se doit, un numéro « par une main innocente » et a retourné une carte.

— Le deux de pique ! Qui a le deux de pique ? Où est l'heureux gagnant ?

Le voyageur n'a pas eu de chance. Pour ses dix sous, il avait touché des valets, des as et des rois. Le deux de pique appartient à un homme qui ne rit même pas. Il prend le paquet spécial de bonbons fins sans regarder personne, presque avec réticence, comme s'il voulait insinuer qu'il a coutume de recevoir des nouvelles importantes avec impassibilité. Tout le monde le dévisage et peut-être l'admire-t-on. En voilà une manière d'encaisser !

Le voyageur se croit obligé de prendre sa revanche. Poussé par une inspiration subite, il élève la voix :

— Donnez-moi les trois ! Ils sortiront au prochain tirage.

A la station de Vicalvaro, le contrôleur passe et poinçonne les billets.

— C'est ainsi qu'il faut parler ! s'écrie l'homme au veston mauve. Ce monsieur va gagner le gros lot pour quatre sous ! Voici les trois.

Le voyageur cligne de l'œil et attend. Il espère entendre proclamer bientôt : « Le trois de ... ! » Et il pense interrompre en disant : « Ne continuez pas. J'ai les quatre trois. » A droite, on aperçoit quelques collines de terre argileuse, crevassée de rouge. Un bonhomme lit une revue taurine. Une abeille va et vient sur la vitre, de haut en bas. La voix de l'homme à la dent en or résonne à travers le wagon :

— Le sept de cœur ! Qui a le sept de cœur ?

Le voyageur tremble des pieds à la tête. Son sang ne fait qu'un tour, sa bouche est sèche et il ferme précipitamment les yeux. Il craint que les regards ne se fixent sur lui, des regards perçants comme des dards, ironiques, souriants et qui semblent dire : « Où avez-vous mis vos trois ? » Il pense, Dieu sait pourquoi ! sans doute pour se distraire, à l'eau d'une rivière courant sous un pont. Quand il ouvre peu à peu les paupières, il s'aperçoit que personne ne le regarde.

A San Fernando de Jarama, les pêcheurs descendent. Ils accrochent leur ligne à l'épaule, tel un fusil, et prennent, l'un derrière l'autre, un sentier qui mène à la rivière. Sur la rive opposée, paissent quelques taureaux de combat, noirs, solitaires, énormes et luisants, pleins de majesté. L'air est diaphane et la campagne, parsemée de blé vert, de fleurs rouges, jaunes et bleues, a des couleurs brillantes de carte postale. Le chef de gare, à Torréon de Ardoz, porte des lunettes de soleil. C'est un homme moderne. Le voyageur se dit qu'il pourrait faire une petite chanson assonancée. Alors il réfléchit un instant et il récite entre ses dents :

> *Le wagon de troisième est arrêté*
> *En face des Water-Closet.*
> *Sur la gare on lit*
> *« Torréon de Ardoz », le nom du pays.*
> *Le chef de station,*
> *Avec ses lunettes fumées,*
> *Sa casquette galonnée,*
> *Va et vient le long du quai.*

Et le voyageur de rire sous cape. Des ouvriers montent, qui ressemblent à des peaux-rouges. Ils ont le visage crevassé, comme s'il était tailladé à coups de couteaux et des cheveux noirs plaqués sur le front. Un gros homme, qui doit revenir d'une foire, et qui fume un cigare, monte aussi. Il est sept heures et demie du matin. Le voyageur se pousse pour faire place à l'arrivant.

— Merci.

— Il n'y a pas de quoi.

L'homme enlève son chapeau et il essuie sa tête avec un mouchoir.

— Il va faire chaud.
— Oui.
— Pourvu que nous n'ayons pas d'orage !...
L'homme souffle tout en s'installant. Il retire son cigare de sa bouche et l'examine. Ses dents, couleur de terre, sont grandes comme celles d'un âne.
— ... Et qu'il ne se termine pas par la grêle !
— En effet.
Il sort de sa poche un carnet de papier à cigarettes, y prend deux ou trois feuilles, les humecte de salive et les colle au cigare.
— Il est meilleur ainsi, entouré d'une chemisette.
— Bien sûr.
— Autrement, voyez-vous, il ne tire pas. Ces petits cigares sont toujours un peu durs.
Depuis Madrid, le voyageur a mal aux pieds. C'est la faute de ses gros souliers qui provoquent des ampoules parce qu'ils ne sont pas encore brisés. Il fouille sa musette et en extirpe une paire de bottines de toile à semelle de corde.
— On dirait que vous avez mal aux pieds.
— Oui, un peu.
— Naturellement, vous avez des chaussures neuves.
Le voyageur, que cette conversation ennuie, prend la tangente et répond n'importe quoi :
— Oui, comme dit le proverbe...
L'homme au cigare regarde le voyageur sans comprendre. Il a certainement envie de lui demander : « Quel proverbe ? » mais, finalement, il ne dit rien.

Une petite valise à la main, un autre homme, qui fume un autre cigare, passe dans le couloir. Ce doit être un assistant médical ou un infirmier. C'est un jeune homme distingué qui porte une chemise à raies jaunes et blanches.

Le train, à Alcala de Hénarès, longe le mur du cimetière. Comme toujours, une brume légère flotte au-dessus de la rivière. A l'arrêt, presque tout le monde descend, le train reste à peu près vide : les pêcheurs, qui ne sont pas descendus à San Fernando, les soldats, les ouvriers en casquettes noires, les femmes moustachues, grosses à faire peur, avec leurs gros paniers. Une petite demoiselle blonde, qui doit s'appeler Raquel ou Espérancita ou quelque chose d'approchant, coiffée à frisettes passées au fixatif, vêtue d'un jersey à franges rouges et vertes, tient tête en minaudant à un jeune garde civil qui arbore une moustache « en forme », comme disent les barbiers. Le voyageur pense à l'amour. Il a, dans sa maison de Madrid, une gravure française intitulée : *L'Amour et le Printemps*. Sur le quai, un mendiant barbu cherche des mégots. Il s'appelle Léon et il porte des espadrilles bleu pâle. Un homme lui dit :

— Viens ici, Léon. Tu sais que je t'aime bien. Veux-tu une cigarette ?

Quand Léon est près de lui, il lui lance une gifle qui siffle comme un coup de fouet. Tout le monde rit. Léon, sans dire un mot, s'éloigne tête basse, les yeux pleins de larmes, comme un enfant, et, de temps en temps, il ramasse un mégot. Au bout du quai il se retourne. Son regard n'est ni affectueux, ni haineux. C'est le regard vide d'un cerf empaillé ou d'un vieux bœuf sans illusions. Il saigne du nez.

A Meco, la charrette d'un laitier attend, au passage à niveau, que la barrière s'ouvre. Des femmes en noir portent des seaux d'eau. La campagne est toujours verte et fleurie. Le voyageur mange des abricots qu'il a retirés de sa musette.

— En voulez-vous ?
— Merci. Bon appétit !

Effectivement, l'homme au cigare n'a pas un genre à manger des abricots.

A Azuqueca, quatre mulets labourent. Le bonhomme explique au voyageur qu'on surnomme les habitants d'Azuqueca « les couveurs » parce que, raconte-t-on, ils ont placé une poule couveuse sur douze œufs, et que, malgré leur insistance, ils n'ont pas obtenu treize poussins.

Le train suit maintenant le cours de la rivière Hénarès jusqu'à Guadalajara. Il roule vite et semble pressé.

Un peu avant l'arrêt, tous rassemblent leurs paquets et s'avancent sur la plate-forme ou dans le couloir. Le voyageur descend le dernier. Il n'en est pas à un quart d'heure près. Ce qu'il va faire peut aussi bien ne pas être fait. Sans aucune conséquence.

Il met sac au dos, accroche sa gourde au ceinturon et monte la côte qui conduit en ville. Il traverse le Hénarès dont les eaux sont troubles et boueuses et passe devant une caserne. Quelques soldats, assis près de la porte, le regardent. Le voici dans l'agglomération. Il continue à monter vers la gauche et entre dans une taverne pour se rafraîchir. Elle porte un beau nom et une belle enseigne : *Au meilleur raisin.*

A côté du terminus des autobus se trouve un café. Le voyageur y laisse ses bagages, car il veut aller à la Poste envoyer un télégramme à sa femme. La pendule électrique *Brillé,* qui est suspendue au milieu du hall par des chaînes dorées, indique neuf heures dix.

De retour au café, le voyageur achète les journaux à un petit garçon éveillé et vif comme une souris.

— Quel âge as-tu ?
— Cinq ans et demi.
— Comment t'appelles-tu ?
— Paco, pour servir Dieu et vous servir.
— Tu vends beaucoup de journaux ?
— Oui, Monsieur. Je les vends tous. A midi, je n'en ai plus. L'an dernier je ne les vendais pas toujours. Comme j'étais plus jeune, je ne courais pas assez vite !

Le voyageur lit les journaux pendant qu'il prend un second petit déjeuner. Ensuite, il va faire un tour en ville et changer quelques billets à la banque. Le palais du duc de l'Infantado est complètement détruit. C'est dommage. C'était certainement un bel édifice, vaste comme une caserne ou un couvent. Au milieu de la rue passe un idiot coiffé d'une casquette jaune. Sa figure est constellée de boutons. Il est jovial, optimiste et pressé. Il marche en se tordant de rire et en se frottant les mains avec satisfaction. C'est un idiot gai, un idiot heureux.

Le voyageur entre dans une boutique où l'on vend de tout.

— Avez-vous quelque chose qui soit typiquement de Guadalajara ? Je voudrais emporter un souvenir.

— Vous dites : quelque chose de typique ?
— Oui... C'est ce que je désirerais.
— Je ne sais trop... A part des babas au rhum...

Dans une petite sellerie, qui sent le cuir et la graisse et que le patron, enflé et bien nourri, emplit tout entière, ou presque, le voyageur achète une têtière de harnais en cuir.

— C'est pour une mule ?
Le voyageur hésite.
— Oui, c'est pour une mule. Une mule portugaise qui est un bijou. Je veux la harnacher de première. Je reviendrai par ici et j'achèterai le reste. Je vais l'offrir à un oncle de mon épouse, qui est curé. Dans mon pays, voyez-vous, les prêtres voyagent à dos de mulet. Ce n'est pas comme ici où ils empruntent les cars publics. Don Rosendo, l'oncle de ma femme, est déjà chanoine. J'ai appelé le mulet *Capitaine*. L'autre jour, on m'en a offert le double du prix d'achat.

Quand son discours est terminé, le voyageur s'aperçoit que tous ses mensonges sont superflus. Le sellier ne l'écoute pas.

— Cette têtière-ci est bonne. C'est la meilleure.
— Très bien... Je la prends... Dites-moi, ne pourriez-vous écrire à l'intérieur votre nom et la date de l'achat ? Ainsi, l'oncle de mon épouse verra que je

ne le trompe pas et qu'elle vient vraiment de Guadalajara.

— Oui, Monsieur... Luisito ! Luisito !

De l'obscure arrière-boutique parvient une voix enfantine un peu enrouée.

— Voilà !

— Ecoute, petit, signe et date par ici. C'est pour ce monsieur.

L'enfant regarde le voyageur, sort d'un tiroir une plume et un encrier et, d'une main d'écrivain novice, trace en s'appliquant, au revers de la têtière, sur le cuir même : *Maison Montès — Guadalajara — 6 juin 1956.*

3. De l'Hénarès au Tajuña

Le voyageur quitte Guadalajara à pied, par la grande route de Saragosse, qui suit le cours de la rivière. Il est midi et le soleil tombe, écrasant comme du plomb. Le voyageur marche dans le fossé, sur la terre. L'asphalte, dur et brûlant, abîme les pieds. A la sortie de la ville, le voyageur passe devant une guinguette qui a un nom suggestif et très évocateur ; devant une guinguette qui s'appelle : *Les Mystères de Tanger*. Il est d'abord entré dans une fruiterie pour acheter quelques tomates.

— Voulez-vous me donner trois quarts de tomates ?
— Eh ?

La marchande est sourde comme une trappe.

— Je vous demande trois quarts de tomates !

Elle ne bouge pas. Elle semble plongée dans des réflexions profondes.

— Elles sont vertes.
— Ça ne fait rien. Je les mettrai en salade.
— Eh ?

— Je vous dis que cela m'est égal !

Elle pense probablement qu'elle ne doit pas vendre de tomates vertes.

— Vous allez à Saragosse ? Vous avez fait un vœu à la Vierge *del Pilar* ?

— Non, Madame.

— Eh ?

— Je dis que non !

— Autrefois, beaucoup de pèlerins allaient à pied à Saragosse. Ils portaient comme vous leurs bagages sur le dos.

— C'est possible, Madame. Me donnez-vous trois quarts de tomates ?

Le voyageur ne peut pas crier plus fort. Sa gorge est desséchée. Il payerait volontiers une tomate un *douro* [1]. La porte de la boutique est encombrée d'enfants qui observent la scène. D'enfants de toutes tailles, aux cheveux de toutes couleurs. D'enfants qui ne parlent pas, qui ne bougent pas, qui regardent fixement, à la manière des chats, sans sourciller.

Un petit roux, qui a le visage plein de taches, avertit le voyageur :

— Elle est sourde.

— Je m'en aperçois, mon garçon.

Le gamin sourit.

— Vous allez à Saragosse ? Vous avez fait un vœu ?

— Non, mon petit chérubin, je ne vais pas à Sara-

---

1. *Douro* : monnaie fictive qui signifie cinq pesetas. *(Note de la Trad.)*

gosse. Sais-tu où je pourrais acheter trois quarts de tomates ?
— Oui, Monsieur. Venez avec moi.
Le voyageur, suivi de vingt ou vingt-cinq enfants, part à la recherche des tomates. Certains mioches font quelques pas en avant pour le voir plus à leur aise et pour marcher à côté de lui. D'autres se lassent et s'arrêtent en chemin. Une femme, du seuil de sa porte, questionne à voix basse les enfants : « Que veut-il ? » et le petit rouquin répond complaisamment : « Rien, nous allons acheter des tomates. » La femme ne se contente pas de cette explication, elle revient à la charge : « Il va à Saragosse ? » Alors il se retourne et rétorque brusquement, presque avec indignation : « Non ! Est-ce que par ici on ne peut aller ailleurs qu'à Saragosse ? »
En passant devant la guinguette, l'homme qui — certainement par hasard ! — ne va pas à Saragosse éprouve l'impression qu'on le retire d'un étang où il se noyait.
Il marche maintenant sur la route, escorté par son guide, l'enfant aux cheveux couleur de safran, qui lui avait demandé :
— Me permettez-vous de vous accompagner pendant deux ou trois cents mètres ?
Et le voyageur, qui ressent une admiration illimitée pour les enfants au langage châtié, lui avait répondu :
— Oui, je te permets de m'accompagner pendant deux ou trois cents mètres.
A une certaine distance, il s'arrête près d'une mare

pour se laver un peu. L'eau est fraîche, très propre.
— C'est une eau très cristalline, n'est-ce pas ?
— Oui, mon garçon. Bougrement cristalline.

Le voyageur se décharge de son sac et se déshabille jusqu'à la ceinture. Le petit s'assied sur une pierre pour le regarder.

— Vous n'êtes pas très poilu.
— Non... en effet.

Le voyageur s'accroupit et commence par se rafraîchir les mains.

— Vous allez très loin ?
— Peuh !... Moyennement... Passe-moi le savon.

Le petit ouvre l'étui à savon et le tend au voyageur. C'est un enfant très attentionné.

— Ah !... Heureusement que vous n'allez pas très loin, avec cette chaleur !
— Il fait quelquefois plus chaud. Donne-moi la serviette.

Il la lui donne.

— Vous êtes de Madrid ?

Le voyageur, pendant qu'il s'essuie, décide de prendre l'offensive.

— Non, je ne suis pas de Madrid. Comment t'appelles-tu ?
— Armando, pour vous servir. Armando Mondéjar Lopez.
— Quel âge as-tu ?
— Treize ans.
— Quel métier apprends-tu ?
— Expert.

— Expert... ? En quoi ?
— Mais... expert... expert...
— Et ton père, que fait-il ?
— Il est employé à la Députation Provinciale [1].
— Comment s'appelle-t-il ?
— Pio.
— Combien as-tu de frères et sœurs ?
— Nous sommes cinq : quatre garçons et une fille. Je suis l'aîné.
— Vous êtes tous blonds ?
— Oui, Monsieur. Nous avons tous les cheveux rouges. Comme mon papa.

La voix de l'enfant laisse percer une vague intonation de tristesse. Le voyageur pense qu'il n'aurait pas dû le questionner à ce point. Il réfléchit, pendant qu'il range la serviette et le savon et retire de sa musette les tomates, le pain, et une boîte de pâté de foie qu'il a ouverte, tout en parlant.

— Nous mangeons une bouchée ?
— Si vous voulez.

Le voyageur s'efforce d'être aimable et le petit redevient aussi gai qu'avant de répondre : « Nous avons tous les cheveux rouges, comme mon papa. » Le voyageur lui raconte qu'il ne va pas à Saragosse mais qu'il a l'intention de faire un tour à travers l'Alcarria. Il lui dit aussi où il est né, comment il s'appelle et le nombre de ses frères et sœurs. Quand il parle de

---

1. Députation Provinciale : assemblée de notables, élus pour administrer les intérêts d'une province. L'équivalent, à peu près, de nos Conseils Généraux. *(N. de la Trad.)*

son cousin Jenaro qui louche et qui habite Malaga, le gamin finit par rire aux larmes. Ensuite, il lui parle de la guerre et l'enfant, tout ému, écoute attentivement.

— Avez-vous été blessé ?

Ils sont maintenant une paire d'amis, ils parlent, ils parlent et ils parviennent ainsi au croisement de la route d'Iriepal. Le petit garçon prend congé.

— Il faut que je rentre. Maman veut que je sois à la maison à l'heure du goûter. Elle ne tient même pas à ce que je vienne jusqu'ici. Elle me le répète souvent.

Le voyageur lui tend la main qu'il refuse.

— C'est que, voyez-vous, ma main n'est pas propre.

— Ne sois pas nigaud ! Ça ne fait rien.

Le gamin baisse les yeux.

— Je mets tout le temps mes doigts dans mon nez.

— Et après ? Je l'ai vu. Moi aussi, quelquefois, je cure mon nez avec mes doigts. C'est très agréable, n'est-ce pas ?

— Oui, Monsieur, très agréable.

Le voyageur reprend sa marche, l'enfant reste au bord de la route et le regarde. De très loin, le voyageur se retourne. Son jeune ami lui fait, de la main, un signe d'adieu. En plein soleil, ses cheveux brillent comme du feu. Il a de beaux cheveux lumineux qui lui donnent un grand charme ; mais il croit le contraire.

Armando Mondéjar Lopez,
L'enfant curieux,

*A de beaux cheveux épais
Couleur de feu.*

*(L'orange est desséchée,
Jaune est le citron,
La pastèque pleure,
Pendant que rit le melon.)*

*Armando Mondéjar Lopez
Au soleil est arrêté,
Avec ses cheveux brillants
Et son cœur brûlant.*

*L'illusion dans ses yeux
Grandit peu à peu.
Ses cheveux sont éclatants,
Couleur de piment.*

Un peu plus tard, le voyageur s'assoit dans un vallon, au pied d'une oliveraie. Il mange un morceau et boit une gorgée de vin ; puis il déploie sa couverture et s'étend sous un arbre pour faire la sieste. De temps en temps, une bicyclette ou quelque voiture officielle passent sur la route. Au loin, un berger chante à l'ombre d'un olivier. Les brebis, pressées les unes contre les autres, immobiles, sont à moitié mortes de chaleur. Le voyageur, étendu sur sa couverture, observe de près la vie des insectes qui vont et viennent rapidement, de côté et d'autre, s'arrêtent soudain et agitent en cadence leurs longues cornes, fines comme des cheveux. Les champs sont verts, bien soignés et les petites fleurs sauvages — les coquelicots rouges, les marguerites blanches, les chardons bleus, les cœurs jaunes des boutons-d'or — poussent au bord de la route, hors des terres cultivées.

Un groupe de jeunes filles passe. Leurs grands chapeaux de paille sont ornés de touffes de bleuets. Vêtues de cotonnades fleuries, elles vont légères et vives, gracieuses, telles des chevrettes. Le voyageur les regarde s'éloigner et ferme les yeux. Il préfère s'endormir sur une dernière impression agréable : une cigogne qui vole, un enfant qui barbote dans le coude d'un ruisseau, une abeille qui suce une aubépine, une jeune femme qui chemine, au début de l'été, bras nus et cheveux dénoués sur les épaules.

Le voyageur, après ce repos, se remet en route. Il pense à des choses oubliées depuis de nombreuses années et remarque qu'il est léger et respire mieux comme si un courant d'air lui avait enlevé un poids sur le cœur.

En arrivant à Taracena il emplit sa gourde de vin blanc.

Sur la terre grise de Taracena
Une éruption a mûri.

Sous le soleil de Taracena
La vie ne tient qu'à un fil.

A Taracena on ne trouve pas de vin rouge, ce vin noble comme le sang des animaux, ce vin parfumé, aussi ancien qu'une vieille histoire familiale. A Taracena, il n'existe pas non plus d'hôtel, ni d'auberge, mais une taverne fraîche et propre, au sol de terre battue et souvent arrosé. La tenancière a une petite fille très appliquée, une petite fille de dix ans, qui se lève après la sieste pour aller à l'école, sans que personne ne l'appelle.

Taracena est un village construit en briques de terre crues, un village gris clair, couleur de cendre ; un village qui semble couvert de poussière, de poussière extrêmement fine et délicate comme celle des livres qui dorment de longues années sur les rayons et qu'on ne touche ni ne dérange. Le voyageur garde, de Taracena, le souvenir d'un village inhabité. Il n'aperçoit pas âme qui vive. En pleine chaleur, à quatre heures de l'après-midi, seul un enfant joue d'un air désabusé avec quelques noyaux d'abricots. Une charrette à mules dételée, avec son timon qui traîne sur le sol, se grille au soleil au milieu d'une petite place. Quelques poules picorent un tas de fumier. Des chemises souvent lavées sèchent, accrochées à la façade d'une maison, des chemises rudes, rigides, qui semblent en carton et qui brillent autant que la neige.

Le voyageur parle à la cabaretière.

— Vous avez de l'eau dans le village, Madame ?

— Oui, Monsieur, beaucoup d'eau. Et très bonne. Nous avons la même eau qu'à la capitale.

Il repart. Comme c'est le premier jour de marche, ses jambes sont un peu fatiguées. La femme l'accompagne à la porte.

— Au revoir et bonne chance. Vous allez à Saragosse ?

— Au revoir, Madame, merci. Non, je ne vais pas à Saragosse.

Le voyageur pense à la manière de prendre congé des passants, qui est une manière de congé définitif, car on est sûr qu'ils ne reviendront pas. Cet « au revoir, bonne chance », que prononce la cabaretière, la paysanne, la lavandière ou la muletière, est un adieu éternel, inconsciemment douloureux. Un adieu où l'on met toute son âme et ses cinq sens.

A une distance d'une demi-lieue environ, à l'endroit où commence le chemin qui mène à Tortola et à Fontanar, le voyageur rejoint une charrette. Plus tard — à Cifuentès, — quand il fut mis au courant de beaucoup de choses, le voyageur devait apprendre qu'en Alcarria, on appelle les habitants de Tortola *Maures* et ceux de Fontanar *Trognons* parce qu'un certain jour ils mirent un trognon de chou, en guise d'œil, à la statue de saint Mathias leur patron.

Le charretier somnole; les mules, de temps en temps, font un écart et les roues passent sur les tas de graviers qui bordent le fossé. Alors le charretier s'éveille, jure, ramène la charrette au milieu de la chaussée et se rendort.

— Bonjour.

— Bon et chaud, on peut le dire.

— Vous êtes bien dans votre charrette.

— Je ne suis pas mal. Voulez-vous monter?

— Puisque vous me le demandez!

Le charretier arrête les mules et le voyageur grimpe à côté de lui. La charrette est couverte d'une toile, tendue très bas, qui donne une chaleur suffocante. Le voyageur ouvre sa gourde et invite son hôte à boire une gorgée de vin.

— C'est du bon vin.

— Il n'est pas mauvais. Je l'ai acheté en bas, à Taracena.

Puis ils allument une cigarette. La flamme du briquet est complètement immobile.

La charrette est chargée d'une porte en bois et d'un lit de fer. Le voyageur ne peut remuer ni pied, ni patte. Ses jambes sont repliées sous lui et il est obligé de renverser la tête en arrière et de l'appuyer sur son sac qui lui sert ainsi d'oreiller.

— Jusqu'où allez-vous?

— Je vais à Trijueque. Tous les matins, je transporte du bois de chauffage à Guadalajara. Et vous ?... Vous allez loin ?

— Non, je m'arrête à Torija. Je voudrais y passer la nuit.

— Et demain ?

— Demain ?... A la grâce de Dieu.

Le charretier reste quelques minutes pensif.

— Si vous ne m'aviez pas rencontré, vous vous seriez envoyé à pied ce trajet long comme un chapelet de saucisses !

— Oui, c'est vrai.

Le charretier est un homme jeune, de petite taille, tanné par le soleil. Il s'appelle Martin Diaz et il est natif de Trijueque. Un peu plus tard, quand il se sent en confiance, il offre au voyageur du pain blanc et de l'oignon.

— C'est bon pour le sang.

Sur la route, surgit en sens contraire un vieil homme monté sur une mule baie qui a les pattes fines et une belle croupe. L'homme abrite sa tête et ses épaules sous une couverture.

— Une bonne mule !

— Elle en a l'apparence.

Martin Diaz est un charretier stoïque et optimiste, un charretier qui trouve que tout est bien. En faisant quotidiennement l'aller et le retour de Trijueque à Guadalajara, Martin Diaz s'est entraîné à ne voir que le bon côté des choses.

— Ces deux mules que je conduis sont déjà un peu usées, mais elles me rendent encore service.

Il les regarde.

— Je ne les ai pas payées cher. Maintenant les prix ont beaucoup monté. Une mule coûte une fortune.

Le voyageur observe les mules qui font effort pour tirer l'attelage dans les côtes et le laissent négligemment aller dans les descentes. Elles remuent les oreilles en cadence et font sonner les clochettes de la bricole. C'est ainsi que Martin Diaz nomme la têtière et le collier.

— Celle-ci s'appelle *Catalana*. Le mulet qui mène s'appelle *Pantalon*.

Ils traversent Valdenoches. Des manœuvres cassent les cailloux au bord de la route. Ils sont noirs comme des charbonniers et ils ont placé un mouchoir sous leur casquette pour absorber la sueur. Ils travaillent lentement, d'un air épuisé, et protègent leurs yeux avec un petit carré de toile métallique attaché à la nuque par des galons. Quand la charrette passe, ils ne lèvent pas la tête.

Depuis les monts de Sotorija et du *Tio Negro*, la charrette roule entre deux rangées de peupliers et la route semble une grande avenue.

— Ici on respire, eh ?
— Je crois bien.
— Jusqu'à Torija la route ne change pas.

A droite apparaissent des vergers et des jardins bien cultivés. Les vieux qui les travaillent sont en manche de chemise mais la tiennent fermée au ras du cou ; ils ont une ceinture autour du ventre et des pantalons de velours à côtes. Quelques jeunes portent une combinaison de mécanicien en coton bleu foncé.

A l'entrée de Torija, des femmes lavent du linge en chantant. Quand la charrette passe, elles interrompent leur travail et crient : « Bonjour ! » en souriant gaiement.

Torija est un village perché sur une colline.

Une auberge,
Trois maisons,
Quatre mules,
Cinq dames,
Six hidalgos,
Sept jouvencelles,

*Le chemin de Brihuega
S'en va du côté droit.
Par celui de Saragosse
Descendent deux belles gosses.*

Vu d'ici, Torija a bon aspect avec son château et le clocher carré de l'église. Sur une maison est accroché un panneau qui indique : « Algora, 39 kilomètres — Saragosse, 248 kilomètres. » C'est un panneau à fond bleu et les grandes lettres blanches qu'on y a peintes peuvent se lire très aisément, même d'une automobile lancée à toute vitesse.

A la sortie du village, le voyageur descend de la charrette devant une auberge. Auparavant, il s'est arrêté dans une taverne pour boire un verre avec Martin Diaz et faire un brin de causette. Ils ont parlé du temps, du blé qui est très avancé cette année, de ce que vaut une paire de mules, de ce que dure un veston de velours à côtes, de ce que peuvent être vaniteuses les servantes de Madrid qui ne sont rien, qui ne sont pas plus que les autres et qui se donnent des airs de comtesses. Le charretier et le voyageur sont d'avis que le mieux à faire, c'est de ne pas même les regarder et de se marier avec une fille du village dont on peut être sûr qu'elle a toujours marché droit.

— De celles qui vont servir à Madrid, voyez-vous, on ne sait rien. Elles peuvent revenir aussi honnêtes qu'elles sont parties ou fardées et dévergondées comme une troupe d'actrices.

Le voyageur, assis sur un banc de pierre, à la porte de l'auberge, voit Martin Diaz s'éloigner dans la direction de Trijueque. Le charretier a enlevé la bâche qui couvrait la voiture et il excite les mules qui sentent maintenant l'écurie et marchent à bonne allure.

Avant que l'attelage ne disparaisse dans un tournant, le voyageur regarde une dernière fois Martin Diaz, *Catalana*, *Pantalon* qui demain, à la première heure, descendront de nouveau vers Guadalajara, avec leur chargement de bois.

Dans le vestibule, on a placé une cuvette sur une chaise de rotin et le voyageur s'y lave les mains. Un enfant pleure sans grande conviction. Les poules commencent à rentrer se coucher. Un chien maigre renifle les chaussures du voyageur qui lui donne un coup de pied et le chien s'enfuit, la queue entre les jambes. C'est un chien habitué à recevoir des coups de pied. Une petite fille joue avec un chat noir et blanc. Un âne se dirige seul vers son écurie. Il pousse la porte avec son museau et se faufile à l'intérieur.

Le voyageur interpelle la patronne.

— Quel est le nom de cette auberge ?

— Elle n'a pas de nom. Ma mère s'appelle Marcelina Garcia.

Le voyageur ne se décourage pas.

— Vous avez ici un beau château.

— Oui, il est très ancien. D'après ce qu'on dit, il date du temps des maures.

Un jeune garçon passe, escortant une mule grise.

— Hardi, *Générosa* ! Hue, *Générosa* !

La fille de Marcelina Garcia demande au voyageur :
— Vous prendrez du vin ?
— Oui.
Elle élève la voix :
— Niña [1] ! Va chercher du vin !
La petite fille entre dans la cuisine et en ressort, une bouteille vide à la main. L'auberge de Torija n'a pas de vin. La petite fille doit aller en acheter quand on demande à un voyageur : « Vous prendrez du vin ? » et qu'il répond : « Oui. »
— Le désirez-vous blanc ou rouge ?
— Rouge.
Le voyageur, dans la salle à manger, range un peu ses bagages. La table est recouverte d'une toile cirée à dessins géométriques blancs et roses. Le buffet atteint le plafond. Sur le mur, une carte en relief de la Péninsule Ibérique est accrochée, ainsi qu'une lithographie en couleur, *Le Cadeau de Noël,* de Pears. Une horloge, avec un cadran nacré, indique l'heure du dîner. Autour de l'ampoule électrique sont suspendues quatre boîtes de conserve rondes où croît une plante grimpante, appelée *L'Amour de l'Homme,* qui forme des guirlandes enlacées.
— Et la lumière ?
— Le courant vient plus tard.
Le voyageur dîne à la lueur d'une lampe à huile. Des haricots avec du *chorizo,* une omelette aux

---

1. *Niña* : petite fille. *Niño* : petit garçon. Habitude très espagnole d'appeler ainsi les enfants, au lieu de leur donner leur nom. *(N. de la Trad.)*

oignons et aux pommes de terre et un morceau de bique aussi dur qu'une pierre. Comme dessert, un verre de lait de chèvre. Quand la lumière arrive il fait déjà nuit noire, et le filament métallique de l'ampoule rougit à peine, telle une braise. Entre les plantes grimpantes, on dirait un ver luisant.

— Un peu avant l'aube, vous verrez, c'est l'heure où le courant est le plus fort. Elle brille comme un soleil.

La femme sourit en parlant. C'est une femme aimable, pleine de bonnes intentions. Le voyageur monte dans sa chambre. Le beau lit de fer est grand, il est garni d'un matelas où l'on enfonce profondément. Le voyageur n'éteint pas la lumière, mais elle est si faible qu'il se déshabille dans l'obscurité. Quand, un peu avant l'aube, le courant arrive avec toute sa force, dans la pièce s'étend une lueur opaque qui serait propre à révéler des photographies, mais insuffisante pour lire à l'aise.

Un garçon chante à tue-tête. Il pousse des cris perçants qui doivent s'entendre de très loin.

A Teruel, si tu cherches une fiancée,
Choisis une étrangère
Car l'amour des femmes de ce pays
Est un amour qui tue [1].

---

1. Allusion à la légende des *Amants de Teruel*, qui, tous les deux, meurent d'amour. Légende qui a inspiré de nombreuses œuvres littéraires. *(N. de la Trad.)*

En servant le petit déjeuner, la jeune aubergiste dit au voyageur :

— C'est mon frère que vous avez entendu chanter ce matin. Il chante à la mode de la province d'Aragon. Il a été soldat un certain temps à Saragosse et il a tout à fait pris le style du pays. Il a une belle voix, n'est-ce pas ?

— Je crois bien !

Il est encore de très bonne heure quand le voyageur se met en route. La matinée est plutôt fraîche et le ciel un peu couvert. Plus tard le soleil s'élèvera, les nuages se dissiperont et l'air se réchauffera. A quelque distance, le terrain commence à onduler légèrement. Vers le nord, on aperçoit Trijueque d'où Martin Diaz est déjà parti avec son attelage. Pas un arbre à l'horizon. Un cavalier passe, monté sur une grande mule.

— Bonjour.

— Que Dieu nous les donne tous bons. Vous allez à Brihuega ?

— J'y vais.

— Vous avez encore une trotte. Avec une autre mule, je prendrais votre sac.

— Merci. Qu'y faire ?... Je ne suis pas encore fatigué.

— Vous avanceriez plus facilement ; mais avec cette bête, je n'ose pas. C'est une mule qui n'est pas de race pure, une mule à moitié grecque. Si elle en a assez, ou si le cœur lui en dit, elle se met à ruer et personne au monde n'est capable de l'en empêcher.

Regardez. Je la mène à coups de bâtons. Comme si de rien n'était !

Le voyageur continue à marcher sur la route, sac au dos. Au bout d'une heure, au bout d'une lieue, il s'assoit dans le fossé, boit une gorgée de vin, fume une cigarette et se repose un moment. Des paysans labourent un champ avec une charrue traînée par des mules. A une vingtaine de pas du voyageur, une compagnie de palombes s'envole. Dans un nuage de poussière, deux autocars passent, pleins à craquer, l'un suivant l'autre.

Une bonne lieue après Torija, les chênes apparaissent ; d'abord isolés, ils forment ensuite une tache dans le paysage. Au flanc d'une colline, un berger marche tranquillement derrière ses brebis. Le silence n'est troublé que par les petits cris des hirondelles et le chant des alouettes. Un peu plus tard, le voyageur aperçoit les maisons de Fuentès, dominées par le clocher de l'église.

Fuentès de l'Alcarria est à droite de la route. Le petit bois de chênes s'est épaissi. De la terre monte une senteur profonde et les abeilles butinent dans les branches de l'aubépine parsemées de fleurs blanches.

Nymphe timide et veloutée,
Fleur de l'aubépine.
Simple moine franciscain
Chaque pied de thym.

Vifs oiseaux légers,
Fleurs d'ajonc ailées.
Amertume et coup de sang
Chaque pied de genêt.

Cheval emballé,
Fleur du romarin.
Jolie fille dénudée
Chaque pied de lavande.

Cent loups te défendent,
Fleur du ciste odorant,
Et cent moutons blancs,
Bel origan.

Deux lapins sauvages, assis sur leur queue, remuent les oreilles et regardent un instant le voyageur ; puis ils s'enfuient vivement et se cachent derrière quelques pierres. Un aigle vole assez bas en décrivant des cercles. Une femme montée sur un âne croise le voyageur qui la salue. Elle ne le regarde pas plus qu'elle ne lui répond. C'est une femme jeune, belle et pâle, aux grands yeux noirs profonds ; elle est en costume de deuil, un mouchoir sur la tête. Le voyageur se retourne. La femme, immobile, poursuit son chemin au trot de l'âne, puissant, entier. Elle évoque l'idée d'une morte sans escorte qui s'en va au cimetière s'enterrer seule.

Le voyageur, pour se consoler, boit un coup de vin supplémentaire et s'assoit au pied d'un arbre, contre les murs du palais d'Ibarra, qui est au bord de la route. C'est une grande bâtisse à demi ruinée, entourée d'un jardin abandonné, plein de charme. Il fait penser à un danseur à bout de souffle, malade, qui a quitté la cour pour respirer l'air salubre de la campagne. Le jardin est envahi de broussailles. Une chèvre attachée par une corde sommeille et rumine, couchée au soleil. Un ânon velu folâtre et rue comme un fou. Au milieu des ronces s'élève un grand pin japonais, élancé, d'allure gracieuse et distinguée ; un pin qui ressemble à un vieil *hidalgo* déchu, autrefois fier et hautain, aujourd'hui débiteur de ses domestiques.

Après avoir franchi une autre lieue, le voyageur perd les bois de vue et retrouve les champs cultivés. Il aperçoit, de-ci de-là, quelques flaques d'eau. Un vieux se lamente.

— Oui, je vais vous dire, il a trop plu. L'Alcarria, savez-vous, a besoin d'eau, mais ni peu ni prou.

Le voyageur pense que cet homme, s'il a l'habitude de parler ainsi, s'expose à toujours avoir raison.

La route décrit un grand tournant et, après avoir dépassé un croisement, le voyageur aperçoit tout à coup, dans un fond, la petite ville de Brihuega. Deux routes partent de l'endroit où se trouve le voyageur : celle de gauche se dirige vers Utandi ; celle de droite, vers Algara, rejoint la grande route de Madrid à Saragosse.

Un raidillon, qui raccourcit sensiblement, descend à Brihuega, un sentier rocailleux qui semble le lit desséché d'un torrent. Le voyageur s'y engage. A mi-chemin, il rencontre un petit berger assis sur une pierre, à côté d'un mur tout éboulé, d'un mur qui ne borne rien.

— Dis-moi, mon petit, comment s'appelle cette descente ?

L'enfant ne répond pas.

— M'entends-tu ? Je te parle. Je te demande comment s'appelle cette descente ?

Le petit berger est effaré et manifestement ne sait que dire. Il baisse les yeux, rougit jusqu'aux oreilles et se frotte le genou. Enfin, dans un souffle, il se décide à répondre :

— Elle n'a pas de nom.

Le voyageur lui donne quelques sous. L'enfant commence par les refuser, puis les accepte.

De ce raidillon, Brihuega a très bon air avec ses murailles, sa vieille filature grande et ronde comme une arène de *corrida*. Derrière la ville, dans une vallée verdoyante, coule le Tajuña, bordé d'arbres touffus.

Brihuega est d'une couleur gris bleu, couleur « fumée de cigare ». C'est une ancienne cité qui a de belles pierres, des maisons bien construites et de grands arbres. Le cadre a changé subitement. Il semblerait qu'un rideau s'est ouvert sur un autre décor.

4. *Brihuega*

En revanche, celui qui connaît le nom du raidillon c'est un homme bègue, occupé à préparer des plants d'oignons près de l'*Hôtel de las Eras,* à l'ombre d'un peuplier noueux. Quand le voyageur le questionne, il se met à rire.

— Il a un très vilain nom, je vous assure.

Le voyageur lui donne une cigarette.

— Mais je pense qu'on peut le dire.

— Oui, Monsieur. Quant à le dire, on peut le dire.

Cet homme parle très difficilement. Entre le bégaiement et le rire, il est presque inintelligible.

— A mi-chemin se trouve une source que nous appelons *La Fontaine du Lopin,* la fontaine communale.

— Et le raidillon s'appelle ainsi ?

— Non, Monsieur, il ne s'appelle pas ainsi.

Le bègue étouffe de rire. Une femme, qui porte un enfant pendu à son sein, l'interpelle :

— Décide-toi donc, que tu as l'air d'un imbécile ! Il veut le savoir ? Eh ! bien, dis-le !

Il ne lui manque que d'ajouter :

— Et tant pis pour lui ! Ça lui apprendra à poser des questions !

Elle ne l'ajoute pas, mais certainement elle le pense.

Le bègue hoche la tête et se lance :

— Voilà !... Le raidillon s'appelle... enfin, c'est nous qui l'appelons... le *Chemin de la Crotte*.

Le voyageur pense que cet homme qui trie des plants d'oignons est un bègue très délicat. Il n'y avait pas de quoi faire tant de manières. Pendant que le voyageur s'éloigne, le bègue continue à rire, tout en coupant avec un couteau de boucher, un couteau à faire frémir, les tendres pousses des oignons qu'il va planter cet après-midi.

Le voyageur entre dans l'hôtel pour déjeuner. Il commence par prendre un bain de pieds, un bain d'eau chaude salée qui le ragaillardit. Dans la salle à manger, une demoiselle de campagne est installée avec sa mère.

— Bonjour. Bon appétit !

— Bonjour à vous aussi.

Cette demoiselle boit du vin blanc et prend de la Tricalcine. C'est une jeune fille pâle, qui a des mains bien dessinées et des cheveux châtains coiffés à bouclettes tombantes sur le front. De temps en temps, elle tousse un peu.

Contre le mur de la salle à manger se trouvent une grande horloge à poids, une cage dorée contenant un canari nommé *Mauricio* et trois chromos aux couleurs violentes, criardes, dans un cadre en métal. L'un reproduit le tableau *La Reddition de Breda,* un autre *Les Ivrognes* et un troisième la *Sainte Famille à l'Oiseau.* Deux chats tournent à travers la pièce, à l'affût d'un morceau. Le roux s'appelle *Roux* et le noir *Negro.* Il n'y a pas de doute : celui qui les a baptisés est un imaginatif.

Une gracieuse jeune fille, assez coquette, en robe de percale, sert le voyageur.

— Comment t'appelles-tu ?

— Mercédès, pour vous servir ; mais on m'appelle Merchè.

— C'est un très joli nom.

— Oh ! non, Monsieur. C'est un nom très laid.

— Quel âge as-tu ?

— Dix-sept ans.

— Tu es très jeune.

— Non, Monsieur, je ne suis plus très jeune.

— Tu as un amoureux ?

— Ah ! vous en demandez trop !

Elle rougit et s'enfuit à la cuisine. Quand elle revient sa mine est sérieuse et elle change les assiettes sans regarder le voyageur.

— Qu'as-tu, Merchè ?

— Rien.

Une servante campagnarde et mal dégrossie aide Merchè. Le voyageur ne sait pas son nom. La toile cirée de la table est défraîchie et les bords sont effrangés. Un calendrier représente une jeune personne qui offre de l'anis. C'est une blonde aux yeux noirs, vêtue d'une robe verte qui découvre les épaules. Elle porte un chignon bas, sur la nuque, et un grand peigne brillant qu'on remarque tout de suite, un peigne formé de poussière argentée comme les étoiles des crèches de Noël. A la fenêtre de la salle à manger, la grille est repoussée sur le côté.

Quand il a fini de déjeuner, le voyageur sort. Il avait pensé se reposer un moment après le café, mais deux messieurs sont entrés qui l'ont impatienté et il a préféré s'en aller.

Près de l'hôtel, le voyageur aperçoit la *Porte de la Cadena* — de la Chaîne — qui donne accès à la ville proprement dite. Dans le mur, une niche abrite une statue de l'Immaculée-Conception et une plaque de marbre blanc porte cette inscription : « 1710-1910. La ville de Brihuega pour le second centenaire du mémorable siège et du bombardement qu'elle a supportés [1]. » Plus bas, une dalle de pierre avec une autre inscription dont on ne déchiffre qu'une partie. Le voyageur la copie sur un morceau de papier. Il y met du temps car il se trompe souvent. Plusieurs personnes l'entourent. Il est enchanté d'être pris pour un érudit.

Voici, à peu près, comment se présente cette pierre :

---

1. C'est, en effet, à dix kilomètres environ au nord de Brihuega que le duc de Vendôme gagna, le 10 décembre 1710, la bataille de Villaviciosa qui assura le trône d'Espagne à Philippe V, petit-fils du roi de France Louis XIV, et contribua ainsi à terminer la guerre de la Succession d'Espagne (Paix d'Utrecht, 1714-1715). *(N. de la Trad.)*

```
PoresTa PVERTaSEDE·ArB ze
                        N
YaSaLrEE·Ð9ÐÞEnBRÐ1710.PoR
LaSARMASÐSVMAGpNROR
PÆÆLpeVoTRAaSTroPasYnCeSAs
ioLmÐSAsQesT VMAPoÐsPsABnÐs
    RLPERSONA
```

« Par cette porte, se sont élancées à l'assaut, le 9 décembre 1710, les armées de Sa Majesté notre Seigneur Philippe V contre les troupes anglaises et hollandaises qui étaient postées .... de sa Royale Personne »

Ce n'est pas très bien reproduit, c'est certain, mais aucune lettre ne manque. On peut en être sûr. C'est assez clair, sauf à la fin, du moins pour le voyageur. A l'avant-dernière ligne, vers la moitié, entre le T et le V, un trou dans la pierre doit provenir d'un éclat d'obus.

Le voyageur franchit donc la porte et se promène quelque temps dans la ville, au hasard. Il a laissé à l'extérieur une promenade plantée d'arbres ombreux, très accueillante. Des jeunes filles y bavardent, assises sur un banc. Elles rient très fort et se tapent les cuisses. Puis elles se lèvent pour aller boire de l'eau à la fontaine.

A l'intérieur des murailles, des hommes sont occupés à tondre des brebis dans une étable ouverte sur la rue. Le pelage, plein de suint, tombe tout entier, d'un seul coup, comme une chemise qu'on enlève, et les brebis apparaissent nues, efflanquées et ventrues, disgracieuses. Des enfants regardent et sourient d'un air vicieux. Voir tondre des brebis dans une étable plus que tiède, surchauffée et saturée d'une odeur âcre, profonde, est sans doute un spectacle entêtant, une incitation ancestrale qui éveille les jeunes garçons, les met en chaleur et mêle à l'ébullition du sang une lointaine et inavouable cruauté.

Le soleil commence à décliner. Le voyageur, à ce moment-là, trouve toutes les femmes belles. Il s'assoit sur une pierre, en proie à une sorte de vague à l'âme, et regarde un groupe de huit ou dix jeunes filles qui lavent du linge. Le voyageur est absorbé, il se laisse emporter par des souvenirs et sa mémoire se peuple de tendres nuées païennes, pendant qu'il déroule les vers naïfs d'une vieille chanson :

> *Mère, les jeunes filles,*
> *Celles de la ville,*
> *Dans l'eau courante*
> *Lavent leurs chemises.*
> *Mère, leurs chemises,*
> *Mère, les jeunes filles...*

Les lavandières ont retroussé leur jupe. L'une chante un air d'opérette, l'autre un couplet un peu démodé, un couplet en vogue voici quatre ou cinq ans.

Une petite qui ne chante pas a piqué des fleurs bleu pâle dans ses cheveux. On ne la distingue pas bien mais, d'ici, de dos, elle ressemble à Merchè, celle de l'hôtel.

— Mon nom est très laid... Je ne suis plus très jeune...

Plus tard, quand le voyageur se retrouvera sur la route, il évoquera ce qui est déjà du passé et il fermera les yeux un instant pour mieux sentir les battements de son cœur.

Un vieux bœuf roux, aux longues cornes, à la figure étroite et allongée comme celle d'un seigneur tolédan, boit ou plutôt caresse de son museau blanchi l'eau d'un abreuvoir abondamment empli par une fontaine qui est placée contre le lavoir. Quand il a bu, il lève la tête et passe, d'un air modeste et raisonnable, derrière les femmes. On dirait un eunuque loyal, discret, gardien morfondu d'un harem turbulent comme le jour qui se lève. Le voyageur suit d'un regard perplexe la marche lente, résignée, de l'animal. Parfois, le voyageur reste interdit devant l'inexplicable.

Deux chiens s'accouplent en plein soleil, obstinément, violemment, impudiquement. Une mère poule défile, entourée de ses poussins jaunes, couleur de blé mûr. Un bouc, tête haute, le regard profond, la corne orgueilleuse et provocante, apparaît à l'entrée d'une rue. Le voyageur jette un dernier coup d'œil aux lavandières, se lève et s'en va. Le voyageur est un homme dont la vie est tissée de renoncements.

Il parcourt des ruelles en pente et s'arrête pour

fumer une cigarette à la porte d'une maison, en compagnie d'un vieil homme.
— Cette ville me fait l'effet d'être belle.
— Elle n'est pas mal. Il fallait la voir avant le bombardement aérien.
Les habitants de Brihuega disent « avant » ou « après le bombardement », comme les chrétiens disent avant ou après le Déluge.
— Aujourd'hui, elle n'est plus que l'ombre d'elle-même.
Le vieux est pensif, élégiaque. Le voyageur regarde les pavés et laisse tomber les mots lentement, distraitement.
— Et les filles sont jolies, me semble-t-il.
— Bah ! n'y faites pas attention ! Elles ne valent pas trois sous. Si vous aviez connu leurs mères !...
Le vieux, qui branle légèrement du chef, soupire et change de conversation.
— Savez-vous que, pendant la guerre, c'est ici que les Italiens ont commencé à courir ?
— Oui, je sais.
— C'était réussi comme débandade !
Le vieux se lève et entre dans la maison. Il revient quelques minutes après, appuyé sur une canne et marchant maladroitement.
— Vous m'excuserez. Je suis allé voir si la marmite bouillait comme il faut.
Il se rassoit et appuie sa joue contre sa main.
— A mon âge, on ne sert à rien, on n'est bon qu'à surveiller la marmite. Je ne suis plus qu'une

ruine, mais si vous m'aviez vu dans ma jeunesse !

Le voyageur pense que son vieil ami est dans la même situation que Brihuega — qu'il fallait voir autrefois ! — et que tout ce qui existe en ce monde. Comme, aujourd'hui, il préfère ne pas s'attrister, il prend congé et poursuit sa promenade en descendant la ruelle. Il dépasse quelques arcades formées de colonnes en bois qui reposent sur des supports de pierre et il parvient en vue d'une boutique à étalage si varié, si tentant, si pittoresque qu'elle semble posée là par la Direction Générale du Tourisme.

Le tenancier, un petit bonhomme courtaud, bigle, a bien l'air d'un vieux renard rusé qui sait où le bât le blesse. Il parle de tout et sur tout et se donne les gants d'être poète et cultivé.

— Soyez le bienvenu à la Maison Portillo.

— Merci.

— La Maison Portillo est un établissement très sérieux.

— Je n'en doute pas.

L'homme fait beaucoup de manières, il crie, plisse le visage, remue les bras.

— Je suis le célèbre cicérone qui fait visiter la ville.

— Très bien.

— Ici, c'est un ramassis d'ignorants. Ils ne savent pas distinguer.

— Vraiment ? Je suppose qu'il y a de tout.

— Non, Monsieur. Il n'y a de rien. Ce sont des ignorants. Ils ne savent pas distinguer.

— Oui, oui.

— Mon nom est Julio Vacas, bien qu'on m'appelle Portillo. Dans cette ville, chacun à un surnom, personne n'y échappe. Nous avons un *Castre-Renardes*, un *Manche à Balais*, un *Brûlé*. Nous avons aussi un *Chapiteau*, un *Portefaix*, un *Souillon*, un *Nid Crotté*. Nous avons encore un *Singe Frit*, un *Grosse Tête*, un *Mahomet* et un *Père Eternel*, un *Bouillon d'Eau* et une *Figure en Pente*, un *Œuf Pimenté* et un *Chevreau Fumé*, un *Curaillon*, un *Insurgé*, un *Fou-Bigot*, un *Ballon Manchot*, un *Talon Fin*, un *Foutriquet* et un *Pilate*. Ici, cher Monsieur, nous ne nous privons de rien.

— Je m'en aperçois.

— Et les habitants des villages voisins nous traitent d'ivrognes et de bouffons.

L'homme débite ces phrases très vite, comme s'il récitait une leçon apprise par cœur ; il ne s'interrompt que pour respirer et laisser échapper un petit rire forcé. Il sait qu'il doit placer ses tirades vaille que vaille. Et tant pis si elles portent à faux.

— Savez-vous ce que j'en dis ?... Eh ! bien, que c'est la vie.

Il sourit, recule d'un pas, prend une pose très étudiée d'acteur dramatique et déclame :

Dans cette modeste bicoque,
Vous trouverez ce que vous désirez,
Depuis des chaussures et un panier,
Jusqu'à de belles pierres sculptées.

Julio Vacas est fou de joie, son visage est radieux. Vraiment, ce n'est pas tous les jours qu'on rencontre un visiteur aussi patient.
— Vous aimez ces vers ?
— Oui, certainement, ils sont très jolis.
— Je les ai faits seul, sans aucune aide. Je peux en réciter encore. J'en ai fait d'autres.
— Ah ! Vraiment ?
— Oui, Monsieur. Me prenez-vous pour un ignorant ?
— Moi ?... Dieu m'en garde !
L'homme sourit de nouveau.
— Parfaitement, Monsieur, j'en ai fait d'autres, beaucoup d'autres. Je les ai tous écrits. Sans ordre on n'arrive à rien, n'est-il pas vrai ?
— C'est évident.
— Ecoutez ceux-ci que j'ai dédiés à la Très Sainte Vierge Marie, Mère de Notre-Seigneur Jésus-Christ.
— Voyons.
Portillo recommence à se transfigurer :

> *Heureuse est Brihuega*
> *Depuis qu'elle a trouvé*
> *Sa petite Vierge Brune*
> *Et lui a construit un temple.*

Le voyageur va dire quelque chose, mais le brocanteur l'arrête d'un geste qui signifie : « Attendez un peu, une minute seulement ! » Il lève les bras, selon son habitude, et récite :

*Trois monuments existent
Dans cette grande ville,
Notre-Dame, Saint-Philippe
Et la Porte de Cozagon.*

Quand il a terminé, il se gratte violemment la tête.
— Hein ?
— Très bien, très bien.
Le voyageur entre dans la boutique, suivi de Julio Vacas. Dans la boutique il y a de tout, elle ressemble au bric-à-brac d'un souk arabe : des quinquets de porcelaine, des pots de chambre en faïence, des encriers de cristal, de vieilles pièces d'argent, des livres, des harnais, des chandeliers de bronze, des plumes de paon, de beaux plats raccommodés, de vieux vestons, une collection de timbres argentins, deux paquets de marks allemands datant de la guerre de 1914 et qui pèsent un demi-kilo chacun. Julio Vacas, *alias* Portillo, dit au voyageur :
— Avez-vous l'habitude de lire ?
— Oui, parfois je lis quelque peu.
— Eh ! bien, je vais vous donner deux livres que j'apprécie beaucoup. Ils sont très anciens. Ce sont des ouvrages savants. Pour eux, je ne demande rien. « Fais le bien et advienne que pourra ! » Je vais vous les offrir. Ce sont des traités de médecine. Vous êtes un peu pâle.
Pendant que le chiffonnier cherche les livres, le voyageur se distrait à regarder les murs.
— Les voici.

— Merci beaucoup.
Le voyageur sort deux pesetas de sa poche.
— Non. Je ne veux rien toucher pour ces livres.
— Pardon, ces deux pesetas ne représentent pas la valeur des livres. Je sais qu'ils valent davantage. C'est un cadeau.
— Ceci est une autre chanson.
Julio Vacas prend les deux pesetas et le voyageur feuillette les livres. L'un est intitulé *Traité Pratique de la Goutte,* imprimé à Alcala en 1701 sur les presses de l'Université Royale. Ecrit en langue française par M. Coste, Conseiller et plus ancien Médecin des Gardes de S. M. le Roi de Prusse. Don Ramon Tomé, Professeur de Chirurgie à la Cour, le traduisit en espagnol et lui adjoignit un *Traité des Eaux Minérales.* L'autre s'appelle *La Médecine Curative ou la Purgation,* il est écrit par M. Leroy, chirurgien consultant à Paris. Sur la couverture, le distique suivant affirme : « Celui qui m'emporte dans sa poche, Emporte son médecin avec lui. » Ce livre fut imprimé à Valence en 1828, chez José Ferrer de Orga, avec un portrait de l'auteur à demi entouré de cette inscription, en écriture anglaise : « M. Leroy, propagateur de la Médecine Curative. »
— Ces deux petits livres vous font plaisir ?
— Oui. Ils semblent très intéressants.
— Je les gardais, dans l'espoir de rencontrer quelqu'un qui serait capable de les apprécier. Donnez-les-moi. Je vais vous les signer.
Le voyageur regarde Julio Vacas signer les livres

en s'appliquant et en découvrant, dans un sourire, des petites dents verdâtres, effilées, minuscules.
— C'est moi qui ai montré la ville à tous les visiteurs illustres.
— Il en vient beaucoup ?
— Oui, Monsieur, et d'importance. Il y a déjà plusieurs années, c'était avant le bombardement, j'ai servi de guide au Roi de France.
— Ah ! vraiment ?
— Oui, Monsieur. C'est comme je vous le dis. Il voyageait incognito, dans le plus rigoureux incognito.

Julio Vacas baisse la voix, hausse les sourcils et parle à l'oreille du voyageur.

— Il était ici quand don Niceto Alcala Zamora a été élu Président de la République [1]. Je vais vous dire une chose que vous ignorez sans doute et que très peu connaissent. Vous ferez comme si vous ne saviez rien, n'est-ce pas ?
— Entendu.
— Eh ! bien, ils sont cousins.
— *Caramba !*
— Oui, Monsieur. Comme don Niceto Alcala Zamora était républicain, naturellement, le Roi de France, à cause du qu'en-dira-t-on, devait voyager incognito. Je sais tout ceci de source sûre.

1. Alcala Zamora, chef du Comité des Forces Républicaines, prit le pouvoir comme Président de la 2ᵉ République espagnole, le 14 avril 1931, quand le roi Alphonse XIII quitta l'Espagne et il démissionna en décembre de la même année. *(N. de la Trad.)*

Julio Vacas, après un clin d'œil complice, élève de nouveau la voix.

— On éprouvait du plaisir à parler avec lui. Un homme grand, bien habillé, très intelligent. On voyait tout de suite que c'était un roi étranger.

— Oui, oui.

— Quand il est parti, il m'a dit : « Tiens, Portillo, prends ça pour t'offrir une bonne cuite à ma santé. » Et il m'a donné deux *douros*. Qu'est-ce que je me suis envoyé !

— Je le crois !

— Il suffisait de le voir pour se rendre compte qu'il avait beaucoup de moyens.

Pour rappeler ses souvenirs, Julio Vacas plisse les yeux.

— Et quand je lui ai récité la poésie en l'honneur de Notre-Dame, de Saint-Philippe et de la Porte de Cozagon, il a mis la main à son gousset et il m'a tendu une peseta.

Le voyageur pense qu'il ne doit pas rivaliser avec le Roi de France. Julio Vacas, qui ne lit pas dans ses pensées, continue à pérorer :

> *Une vieille goulue a mangé*
> *Cent et quelques sardines grillées*
> *Et, pendant la nuit entière,*
> *Elle a tiré des arêtes de son derrière.*

— Vous avez aussi récité ces vers au Roi de France ?

— Non, Monsieur, pas ceux-ci. Je les ai inventés après son passage.
— Vous les avez inventés ?
— Oui, Monsieur. Je vous le jure. Ils se sont répandus avec la vitesse de l'éclair, mais l'auteur véritable c'est votre humble serviteur.
En prononçant ces derniers mots, Julio Vacas baisse modestement les yeux.
— Vous auriez dû les lui réciter. Il vous aurait peut-être encore donné une peseta.
— Certainement.
Portillo change de ton, sans doute pour indiquer qu'il aborde un sujet différent.
— Dites, avez-vous remarqué que dans cette poésie j'ai nommé le « derrière » de la vieille ?
— Oui, je l'ai remarqué.
Le brocanteur prend une mine pensive et feint de parler pour lui-même, en oubliant tout le reste.
— Quel bon souvenir je garde de don Luis !
— Il s'appelait don Luis ?
— Bien sûr, Monsieur, *don Luis Capeto*.
Puis il va et vient, les mains dans les poches, en soulevant les épaules.
— Savez-vous ce qu'il est devenu ?
— Je ne sais absolument rien. Je suis très peu au courant de ce qui ce passe en France.
— Moi non plus.
Julio Vacas se plante sur le seuil de la porte et regarde la rue.
— Quel grand seigneur! Il n'avait pas l'air français !

Portillo, qui évoque vaguement un meneur bavard et beau-parleur, prend sa tête à deux mains comme un ténor d'opéra. Il est d'un ridicule impressionnant, d'un ridicule à faire peur.

— Quelle grande figure de l'Histoire !

Il jette à la dérobée un coup d'œil sur le voyageur qui ne bronche pas en entendant l'expression « grande figure de l'Histoire ».

Alors, il sourit de nouveau.

— Enfin...! Nous pouvons tous nous tendre la main ! Devant la Parque, nous sommes égaux !

— Sûrement.

— Parlons d'autre chose. Avez-vous vu le jardin de la Fabrique ?

— Non, pas encore.

— N'y manquez pas. C'est vraiment seigneurial.

Le voyageur dit adieu à Julio Vacas dans une taverne, avec une poignée de mains et deux verres de vin. En sortant, Julio Vacas a crié d'une voix tonnante : « Maria ! Maria ! »

Et quand Maria s'est avancée au milieu de la rue, il lui a recommandé :

— Surveille la boutique. Je m'en vais un moment avec ce monsieur.

Dans la taverne, le voyageur essaie de se débarrasser de Julio Vacas.

— Ne vous dérangez pas. Je peux très bien visiter le jardin sans vous. Quelquefois, comment dirais-je ?... j'aime assez la solitude.

Julio Vacas regarde fixement le zinc et se borne à

répondre très doucement, mais avec une intonation triste, sourde, empreinte d'amertume :
— A votre aise.

Le voyageur, comme toujours, s'aperçoit un peu tard qu'il a été cruel et donne deux autres pesetas au brocanteur qui les empoche sans un geste apparent.

— Merci beaucoup.
— Ce n'est rien. Je ne suis pas le Roi de France.

Julio Vacas, le verre à la main, laisse tomber ces mots :
— Je le dis et le répète : comme lui, il n'en existe que très peu.

Le voyageur poursuit seul son chemin, mais il emporte l'image de Julio Vacas qui continue à faire des pirouettes dans sa tête.

Portillo,
Brocanteur de Brihuega,
Premier prix
Hors concours
Du beau discours,
Cœur d'or
Dans un corps désargenté,
Mentor
Affectionné
Du Roi de France,
Ta mémoire
Est fraîche et bien meublée
Derrière tes yeux de raton.

Dans ton écuelle de laiton
Tu recomptes tes picaillons,
Semence
De l'abondance.
Furtivement un morpion [1]
S'avance
Et te pique le sternum.
Qu'en dirait le Roi de France !

Assise sur un banc de bois, à l'ombre des arcades, une vieille femme à lunettes tricote un bas. A côté d'elle, un enfant pleure à chaudes larmes, en trépignant. On dirait qu'il vient de recevoir une raclée.

— Que lui arrive-t-il ?
— Rien. Il a trop chaud.

Plus loin, un vieillard mange des sardines séchées et un morceau de pain. Il est assis au pied d'une colonne, un âne est près de lui. L'âne est vieux lui aussi, son pelage est gris, ses yeux tristes semblent méditer. Sur son cou velu, une plaie sanguinolente est mangée par les mouches et, sous le bât, on devine la courbe de son échine creusée par les années. Le vieillard lève la tête au passage du voyageur qui le salue.

— Bonjour.
— Que Dieu nous les donne tous bons.

Le vieillard a les cheveux blancs, les yeux bleus et

---

1. Ce mot que Littré qualifie de « grossier », en ajoutant qu'il « ne doit pas se prononcer », ne doit sans doute pas s'écrire en français. Il n'est que la traduction littérale du terme espagnol. *(N. de la Trad.)*

brillants. Il est en triste équipage, ses hardes couvrent à peine sa misérable chair, mais il n'a pas l'air d'un mendiant. Le voyageur en le voyant pense à ces pauvres qu'on ne saurait qualifier de mendiants, à ces pauvres dont on pourrait dire que ce sont des grands seigneurs déchus, orgueilleux et résignés comme des héros en disgrâce :

Filles de Torrebeleña !
Filles de Fuencemillan !

Un hidalgo mourant de faim
Chemine en quête de son pain.

Il a de beaux yeux bleus pensifs,
Des manières du temps jadis,

Son regard semble tour à tour
D'une colombe ou d'un vautour.

Plein de douceur aux mendiants,
De hauteur envers les donnants.

Dans le ciel s'envole un vanneau
Qui fuit les serres d'un gerfaut.

Filles de Torrebeleña !
Filles de Fuencemillan !

Le vieillard et son âne éveillent la curiosité du

voyageur. Il n'est pas accoutumé à ce genre de pauvres aux yeux bleus, suivis d'une vieille monture ; à ces pauvres errants qui vont de côté et d'autre sans jamais se reposer ; qui aujourd'hui mangent des sardines fumées à Brihuega, hier ont peut-être jeûné dans un bois de chênes, déjeuné à Villaviciosa ou à Valdesaz d'une soupe à l'ail, d'un morceau de viande boucanée, et espèrent, comme les oiseaux du ciel, que, demain, Dieu pourvoira à leurs besoins.

— Vous voyagez ?
— Oui, Monsieur.
— Vous allez loin ?
— Peuh... c'est selon... Je ne suis pas pressé.

Le vieillard en parlant met la main sur son front et ajoute :

— Vous aussi, vous voyagez ?
— Oui. Je partirai ce soir.
— Si Dieu le permet...
— C'est cela, si Dieu le permet.

Le jardin de la Fabrique est entouré d'un grand mur hérissé de pointes. On y accède par une petite rue escarpée, lumineuse, déserte. Le voyageur entre, un chien aboie et un homme se présente.

— Vous désirez voir les jardins ?

Il paraît habitué à montrer la propriété. Il a dû poser souvent la même question dans sa vie. Il dit « les jardins » et non le « jardin », ce qui ferait plus ordinaire, et il s'efface devant le voyageur pour passer une porte. La Fabrique ne fabrique rien. Le voyageur a cru comprendre qu'autrefois c'était une filature de drap. Dans un immense atelier vide dort une limousine couverte de poussière et de toiles d'araignées. Le voyageur et le gardien traversent un *patio* carré, dallé, conventuel, dont les coins sont envahis de ronces et d'orties. Un bassin, plein d'une eau verdâtre qui fait glouglou, occupe le milieu. Des iris l'entourent. Quelques pigeons picorent. Le *patio* donne sur une pelouse terminée par une balustrade, sur une pelouse qui surplombe la ville comme un balcon et où paissent deux vaches suisses à l'ombre des arbres fruitiers. Leurs cornes effilées sont courtes et leur expression lointaine, stupide, imprécise.

Le *patio* communique par une porte avec le jardin. Il est éblouissant. Julio Vacas a raison, c'est un jardin seigneurial. Le gardien en fait complaisamment les honneurs.

— Voici la serre. Entrez, Monsieur.

Le voyageur n'y entre pas. Il craint un peu cette atmosphère.

— Il pleut tellement ces temps-ci qu'il est impossible de tenir les allées propres, l'herbe pousse partout.

Le gardien ne sait pas que le jardin a beaucoup plus de charme avec un peu d'herbe folle par-ci par-là.

— Regardez comme ce laurier est beau.

Le jardin de la Fabrique est un jardin romantique, un jardin spécialement disposé pour qu'un adolescent y meure d'amour, de désespoir, de consomption, ou de nostalgie. A côté d'un gracieux amandier qui évoque une jeune fille expirante, un cyprès solennel ressemble à un Pénitent Noir, bien vivant. Derrière les buis courts, bien taillés, fleurissent les roses païennes de Jéricho. En face du myrte toujours vert, pâlit le chèvrefeuille sauvage. Le voyageur se promène entre les rhododendrons et, malgré lui, les tendres, les troublants vers de Shelley assaillent son esprit : le vin, le miel, le bouton de rose, l'églantine...

Haut mirador
Vêtu de buis.

                  Mirador altier
                  De buis vêtu.

Un merle blessé
Siffle dans le cyprès.

                  D'amour blessé,
                  Il siffle dans le cyprès.

La rose embaume
L'air léger,

                  L'air transparent
                  Couleur de rose.

Monte en tremblant
Gentil églantier.

                  Monte et te repose,
                  Eglantier tremblant.

Myrte bien taillé
Et lis nonchalant.

                  Myrte bien taillé
                  Aux mille formes...

— Non... il vaut mieux ne pas continuer...

Le voyageur passe la main sur son front et se frotte les yeux.

— Dans ce bassin, avant le bombardement, nous avions toujours des poissons de toutes les couleurs.

Le voyageur n'écoute pas le gardien. Il se penche sur le parapet du mirador où s'accrochent les guirlandes de roses-thé et regarde la vallée. Au fond coule le Tajuña ; le chemin que le voyageur prendra au coucher du soleil suit les bords de la rivière. Il laissera Masegoso derrière lui s'il remonte le courant, ou la route de Budia s'il le descend.

5. *Du Tajuña au Cifuentès*

Le voyageur, au coucher du soleil, descend vers la rivière. A gauche, en remontant le Tajuña, se trouve la route de Masegoso et de Cifuentès. A droite, en descendant le Tajuña, celle d'Archilla et de Budia. Le voyageur hésite. Il s'assoit dans le fossé, dos à la ville, face à la rivière, en attendant de prendre une décision. Appuyé contre son sac de montagne, il est dans une position agréable et reposante. Le sac épouse la forme de son dos jusqu'aux reins et forme un dossier suffisamment élevé, accueillant, quoiqu'un peu dur.

A l'est, quelques petits nuages passent lentement, allongés comme des couleuvres, rouges, avec des bords précis, bien dessinés. Au coucher du soleil, les nuages couleur de feu annoncent, dit-on, la chaleur pour le lendemain. La rivière court, rapide et chantante, à travers la vallée ; sur ses bords, les grenouilles coassent et les oiseaux chantent comme ils le font invariablement à la tombée du jour. Le voyageur prend le frais, assis près de la route sous un orme épais, à la fin d'une journée brûlante et après avoir parcouru plusieurs lieues et piétiné à la découverte, de côté et d'autre, dans une ville assez grande. Une libellule vole en zigzag autour de lui. Deux fillettes passent montées sur un âne châtré qui va tranquillement, la tête tendue en avant. Elles se serrent l'une contre l'autre et rient aux éclats ; dans leurs cheveux, elles ont piqué des coquelicots. Un paysan qui a travaillé toute la journée — il a butté les haricots, sarclé les plants d'oignons, arrosé les laitues — revient à Brihuega, la bêche sur l'épaule, la peau tannée par l'air et le soleil, son noble, son vieux front mouillé de sueur. A proximité de la rivière, en face du voyageur, une femme coupe des joncs avec son couteau. Elle est arrivée tenant par la main une toute petite fille. La petite est pieds nus, bras nus et, dans ses cheveux blonds en désordre, un ruban violet forme un nœud grand comme une chauve-souris. Pendant que sa mère amasse les baguettes de jonc, la petite fille coupe en silence des iris sauvages. Elle finit par en faire un tas aussi haut qu'elle-même, un tas qu'elle sera incapable d'emporter. A dix pas du voyageur, les essaims d'un rucher bourdonnent, la campagne exhale un parfum pénétrant, intense, spécial et presque agressif.

Le voyageur sent ses paupières s'alourdir. Il a peut-être dormi quelques instants, d'un sommeil léger, sans en avoir conscience. Il se trouve bien ainsi, immobile, les jambes étendues, tel qu'il s'est assis. Il n'a ni froid ni chaud.

Un chien courant, qui suit la trace de quelque lièvre, passe dans le fossé. Le voyageur allume un cigare acheté à Guadalajara. La fumée s'élève, lente, droite, et forme de temps en temps de légères volutes azurées. Un chat roux perché dans un arbre observe le voyageur. Pas une molécule d'air ne bouge.

Un homme, précédé d'un âne, descend tranquillement, distraitement la côte. Il a l'allure d'un chevalier en déroute. Il va, la tête haute, le regard perdu. Ses yeux sont bleus. L'âne est vieux, son poil est gris et son échine arquée. Si on l'examinait attentivement, on verrait sur son cou velu une plaie saignante, noire de mouches.

Le voyageur sent son cœur sauter dans sa poitrine. Quand le vieillard s'approche, il crie :

— Eh !

Le vieillard, qui l'a reconnu, arrête son âne de la voix :

— La ! La ! *Gorion !*

L'âne s'arrête et le vieillard s'assoit à côté du voyageur.

— Belle fin de journée !
— Oui.

Le voyageur offre sa blague.

— Une cigarette ?
— Ceci ne se refuse jamais.

Le vieillard se sert abondamment, comme on se sert entre amis, et se fait une grosse cigarette qu'il roule lentement avec un plaisir certain. Il reste silencieux un instant et pendant qu'il éteint avec les doigts la longue

mèche de son briquet d'amadou, il questionne d'un ton légèrement hésitant :
— Vous allez à Cifuentès ?
— Je ne sais trop. Je ne me décide pas à me mettre en route. Et vous ? Vous y allez ?
— Oui, je comptais m'en approcher. Cifuentès est un bon centre, une grosse bourgade très riche.
— C'est ce qu'on m'a dit.
— Et c'est la vérité. Vous ne connaissez pas ce pays ?
— Non, pas du tout.
— Eh ! bien, venez avec moi. Les gens de là-bas sont bienveillants pour les chemineaux comme nous.

Le vieillard parle en regardant vaguement l'horizon.
— Ce tabac est fameux.
— Quand on a envie de fumer, il n'est pas mauvais.

Les deux amis débouchent la gourde, boivent un coup et se lèvent. L'âne porte le sac du voyageur. Ils marchent jusqu'à la nuit qui tombe vite, mangent une bouchée et profitent des dernières, des indécises lueurs du jour pour chercher un endroit où ils pourraient dormir.

Sur l'herbe, au pied des murs de terre sèche d'une minoterie — en dessous, la couverture de coton grise du voyageur, en dessus, la grosse couverture de laine à carreaux du vieillard — les compagnons s'étendent sur le dos, épaule contre épaule, le béret bien enfoncé, la tête appuyée sur la besace et le sac. Le vieillard répand une odeur nourrissante, une odeur tiède, pâteuse, propice au sommeil. L'âne *Gorion*, les pattes entravées par une courroie, est aussi immobile que s'il était mort, indifférent comme une statue perdue dans un jardin.

Dors tranquille, bon petit âne,
Car c'est l'heure.
Tu as mangé les fleurs
Du coquelicot,
Tu as bu l'eau pure
Du ruisseau.
Dors tranquille, bon petit âne,
Car c'est l'heure.

Les grillons chantent, un chien aboie longuement, sans colère, presque avec dégoût, et semble exécuter un ordre déjà très ancien. Sur la route passe une charrette à deux roues tirée par une mule qui trotte légèrement en agitant ses clochettes. On perçoit le bruit lointain des sonnailles monotones d'une vache qui rentre lentement. Un crapaud coasse dans une jachère voisine, de l'autre côté du chemin.

Le voyageur dort comme un plomb jusqu'au point du jour, jusqu'à l'heure où les coqs chantent pour la première fois, et le vieux l'éveille en promenant des herbes sur son visage.

— Ave Maria...
— Conçue sans péché.
— Nous partons ?
— Très bien.

Le vieillard se lève et s'étire. Il plie soigneusement sa couverture, en charge l'âne et bâille.

— Je me mets toujours en route peu après minuit, au chant du coq. A cette heure, on chemine mieux, ne croyez-vous pas ? Je prétends que le matin est fait pour marcher et la nuit pour dormir.

— Je le crois aussi.

Il fait encore noir. L'air frais facilite la marche.

— Si nous avons dormi sous la même couverture, en nous réchauffant mutuellement, c'est que nous sommes déjà des amis, me semble-t-il...

Et il s'arrête pour ajouter :

— Du moins, je le pense...

Le voyageur le pense aussi, mais il ne répond pas.

— Enfin, savez-vous avec certitude quand nous nous séparerons ?

— Non...

Ils mangent, sans s'arrêter, une bouchée de pain et de *chorizo*. Le voyageur garde le silence. Il écoute son compagnon fredonner une chanson joyeuse et entraînante qui commence ainsi : « Filles de Torrebeleña ! Filles de Fuencemillan !... » L'âne les précède de quelques pas et remue les oreilles en cadence. De temps en temps, il arrache avec ses grandes dents un chardon ou un coquelicot dans le fossé.

Le chemineau parle de son âne.

— Il est aussi vieux pour une bête que je le suis pour un homme ; mais Dieu seul sait qui, de nous deux, mourra le premier.

Dans l'obscurité, il avance, la couverture sur les épaules, en discourant comme un philosophe, la voix un peu sourde, l'air fantomatique.

— Il marche seul, en liberté, comme vous le voyez, et toujours devant moi.

Le vieillard serre le bras du voyageur.

— Et la nuit où, comme un chien, je me coucherai sur la route pour ne plus me relever, je rassemblerai ce qui me restera de forces et je lui dirai : « Hue ! Gorion ! » ... Et *Gorion* marchera droit devant lui, jusqu'au jour, jusqu'à ce qu'il rencontre quelqu'un. Il est possible qu'il dure encore quatre ou cinq ans.

Il se tait un instant et change de ton. Sa voix prend maintenant des intonations bizarrement aiguës.

— J'ai cousu dans son bât un morceau de papier sur lequel est écrit ceci : « Prenez-moi, parce que mon maître est mort. » C'est le pharmacien de Ténébron, près de Ciudad Rodrigo, qui a calligraphié ces mots en ronde, deux ans avant la guerre.

Après un court silence, il éclate de rire.

— Buvons un petit coup car je suis encore solide et personne ne lira de si tôt la belle écriture du pharmacien.

— Je le souhaite !

— Et je vous souhaite aussi longue vie !

Un chien sort d'un verger en grognant. Le vieillard lui jette des pierres et le chien s'enfuit. C'est un chien à grosse tête qui porte un collier hérissé de clous. Les pierres y résonnent aussi fort que le fer d'un cheval sur le pavé.

— Voici le village de Barriopedro, au bord de ce ruisseau desséché. Quelquefois, il y coule un peu d'eau. Maintenant, ce serait bien à propos. Il prend sa source dans les terres appelées du Villar.

Un peu plus loin, les voyageurs dépassent Valderebollo situé à proximité de la route.

— D'ici, part un chemin qui mène à Olmeda.

Le jour se lève. Le ciel s'éclaire au-dessus des collines arrondies, terreuses et rougeâtres qu'on aperçoit au delà de Valderebollo.

— On nomme ces collines les Moras.

Les deux amis marchent déjà depuis un long moment — un moment de trois ou quatre heures — quand ils parviennent à Masegoso.

— Nous pourrions nous arrêter. Je ne suis pas pressé.

— Vous êtes fatigué ?

— Non, non. Si vous préférez, continuons jusqu'à Cifuentès.

Masegoso est un grand village poussiéreux, d'une couleur argentée avec quelques reflets d'or sous la lumière du matin. Il est placé à un carrefour. Les hommes partent aux champs, précédés par leur attelage de mules et suivis d'un petit chien. Quelques femmes, le sarcloir sur l'épaule, vont travailler les terres maraîchères.

L'âne, le pauvre vieux et le voyageur traversent le pont du Tajuña. Un pêcheur se promène au bord de la rivière. Ils laissent d'un côté le village que le soleil éclaire par derrière.

Les amis, vers huit heures et demie ou neuf heures, font halte en vue de Moranchel qui se trouve à une distance de deux cents pas, et à gauche, de la route de Cifuentès. C'est un village couleur de terre et qui ne semble pas fait pour être entouré de champs verdoyants. Le vieillard s'assoit dans le fossé ; le voyageur s'étend et regarde quelques petits nuages, légers comme des colombes, qui flottent dans le ciel. Une cigogne vole assez bas, emportant une couleuvre dans son bec. D'une étendue couverte de thyms s'élève une compagnie de perdreaux. Un jeune berger, encore adolescent, commet avec une chèvre un des plus anciens péchés du monde, à l'ombre d'une aubépine couverte de fleurs parfumées et blanches comme la fleur de l'oranger.

Etendu sur le dos, le voyageur s'endort au soleil en pensant à l'Ancien Testament.

Un camion sale, bosselé, passe avec fracas et soulève un grand nuage de poussière. Quand le voyageur s'éveille, le vieillard recoud un bouton de sa veste.

A midi, les deux amis entrent à Cifuentès. C'est une belle petite ville, gaie, avec beaucoup d'eau, des femmes aux yeux noirs et des magasins bien assortis. Ils vendent des lits de cuivre nickelé, des services à liqueur composés de six petits verres et d'un plateau en glace, des chromos édifiants, réjouissants, aux cent couleurs, représentant la Sainte Cène ou un moulin du Tyrol entouré de pics élevés, couverts de neige.

Derrière la ville se profile la colline de la Horca — de la Potence —, un tertre qui se termine par une plate-forme unie comme une assiette. On explique au voyageur qu'autrefois, avant l'invention des courses de taureaux, pour distraire les gens simples qui aiment voir un peu de sang couler, cette plate-forme servait à l'exécution des condamnés à mort. Le voyageur trouve que le site n'est pas mal choisi. Sans aucun doute, la perspective y est très belle. Il est dommage que la colline ne soit plus dominée par un pilori. L'effet serait magnifique.

A l'entrée de la ville, près de la rivière, se trouve la sellerie d'un personnage surnommé le *Raton*. C'est un petit atelier bigarré tout à fait charmant ; un atelier médiéval, optimiste, ouvert à tous les vents comme un marché. Le *Raton* s'appelle en réalité Félix Marco Laina. Le *Raton* est un homme intelligent, un homme qui a su tirer parti de son sobriquet, l'exprimer comme un citron. Dans sa boutique, entouré de courroies, de colliers, de croupières et de selles, le *Raton* est le consul de l'Alcarria et il tient dans sa maison une sorte de registre général des allées et venues de la population. Tous finissent, tôt ou tard, par aboutir chez le *Raton* à la recherche d'une sangle ou d'un cacolet, d'une sous-ventrière, d'une paire d'œillères ou d'un joug.

Le voyageur offre à *Gorion* deux coussinets de bât, bien rembourrés, et *Gorion,* pendant qu'on les lui pose, agite la queue nerveusement, aussi impatient qu'un enfant qu'on pomponne.

Les deux amis prennent le chemin de la vallée en tournant le dos à la ville. Ils vont déjeuner et faire une petite sieste à la Fontaine du *Piojo* — du Pou — dont l'eau est claire, très fraîche et renommée dans la région.

Entre la Fontaine du *Piojo* et la rivière s'étendent de verdoyantes terres maraîchères et des vergers. Les ruines d'un château se dressent au-dessus de la route de Gargolès. Le vieillard ne sait pas qui l'a édifié. Une femme qui passe ne le sait pas non plus.

— Actuellement, il appartient à une marquise.

A trois heures de l'après-midi, le voyageur revient sur ses pas et retourne à Cifuentès où réside un ami qu'il désire voir. Le vieillard reste faire la digestion à l'ombre, près de la Fontaine.

— Nous nous retrouverons plus tard.

— Entendu.

L'ami du voyageur s'appelle Arbeteta. C'est un *hidalgo* de cinquante à soixante ans, rude, vigoureux, qui a une demi-douzaine de fils déjà montés en graine et une maison avec trois balcons à la française, aériens comme ceux d'un théâtre.

— Cifuentès, dit-il, est la capitale de l'Alcarria. L'Alcarria est célèbre par son miel et c'est ici, dans cette région, qu'il est le plus abondant, à Huétor, à Ruguilla, à Oter et à Carrascosa.

Il parle de Cifuentès avec fierté. Pendant qu'il promène le voyageur à travers la ville, l'*hidalgo* explique qu'elle est très ancienne. Il apprend au voyageur que le château a été construit par don Juan Manuel [1] et l'église par une favorite d'Alphonse le Sage, le roi savant ; elle s'appelait doña Mayor. Le voyageur se souvient vaguement d'avoir lu autrefois un livre dans lequel on traitait don Juan Manuel de turbulent et de querelleur. Quant à doña Mayor, il n'en avait jamais entendu parler.

De nombreuses portes sont ornées de belles ferrures, très artistiques, de heurtoirs, de loquets en fer forgé, de motifs qui entourent les trous de serrures : un cœur, un trèfle, une fleur de lis, une arabesque.

La rivière Cifuentès naît sous les maisons mêmes. A peine sort-elle qu'elle actionne un moulin. La ville s'élève sur une source. Le Cifuentès est précoce, de peu de largeur, mais roule beaucoup d'eau et se jette dans le Tage à Trillo. Son cours n'a pas plus de deux lieues, mais son lit est abondamment empli, certainement beaucoup plus que celui de bien des rivières qui le dépassent en longueur. Dans son trajet si bref le Cifuentès va de cascade en cascade. Il saute au moins cinquante fois par-dessus les rochers.

Une bande de canards domestiques se baigne dans la mare qui précède l'écluse du moulin. Ils sont amusants ; en guise de queue ils ont une petite plume brillante et recourbée, une plume grise à reflets verts, bleus et rouges. Certains dorment sur les bords, debout

---

1. Don Juan Manuel — 1282-1349 —, grand seigneur écrivain, auteur de chroniques, de romans de chevalerie, fin lettré, guerrier courageux et turbulent. *(N. de la Trad.)*

ou couchés, la tête cachée sous l'aile. Quelques-uns se promènent en picorant et d'une démarche balancée comme celle des marins. Le voyageur se penche par-dessus la balustrade du pont, qui surplombe l'eau d'une aune et demie, et il leur jette des miettes de pain. Les canards accourent avec empressement en battant des ailes. Ceux qui sont sur la rive, ceux qui dorment, se réveillent, s'ébrouent, regardent une seconde ce qui se passe et se jettent à l'eau eux aussi.

En parcourant la ville de droite et de gauche, Arbeteta conte au voyageur la légende de la Fontaine *del Oro,* située au pied de la colline de San Cristobal, sur la route de Ruguilla. C'est une histoire très littéraire, peut-être trop littéraire, de maures et de chrétiens, de pépites d'or grosses comme des cerises, de princesses vierges et pâles, d'une beauté lunaire et mystérieuse. L'histoire a une savoureuse teinte fabuleuse. Elle éveille l'imagination du voyageur et, contrairement à son habitude, il évoque les châteaux du Moyen-Age, les jongleurs qui pinçaient du luth dans la cour des Dames et qui étaient fouettés jusqu'au sang dans la cour des Chevaliers s'ils jouaient faux.

Un enfant malade, assis au soleil, lit les contes d'Andersen dans un beau livre cartonné, bien relié. Quand le voyageur passe, il lève la tête et le regarde. C'est un enfant blond et bouclé, aux yeux noirs, au teint pâle, au fin sourire empreint d'une précoce amertume. Il est perclus depuis la taille et ne quitte pas son fauteuil de rotin. Le voyageur lui demande comment il se trouve et il répond qu'il le remercie, qu'il se trouve bien et profite un peu du soleil. Sa mère sort sur le pas de la porte. Le voyageur la prie de lui donner un peu d'eau et la mère de l'enfant malade l'invite à entrer et lui offre un verre de vin. Elle explique ensuite que le petit garçon s'appelle Paquito, qu'il est né normal et bel enfant, mais qu'ensuite il ne s'est pas développé, qu'il a eu la paralysie infantile et que, certains soirs, dans son lit, on l'entend pleurer tout bas longtemps, avant de s'endormir. Elle ajoute qu'elle essaie de supporter cette épreuve le mieux possible en pensant que c'est une croix que le Seigneur lui a envoyée.

— J'ai eu deux autres enfants et les deux sont morts, déjà grandets. Mon mari dit qu'il se demande quel péché nous avons pu commettre.

Cette femme a des yeux tristes. Elle s'interrompt, regarde le mur fixement et ajoute :

— Après tout, c'est ma croix et je dois la porter.

En arrivant sur la place, le voyageur aperçoit son ami, le vieux pauvre, et son âne à côté de lui.

— Je vous attendais.

— Vraiment ?

— Oui, Monsieur. Je voulais prendre congé de vous.

— Et où allez-vous donc ?

— Je ne m'en vais pas, je reste ici. J'ai trouvé à bricoler et je ne partirai que dans trois ou quatre jours, quand j'aurai terminé ; mais je suppose que vous vous remettrez en route.

Le voyageur hésite quelques secondes.

— Oui, je me remettrai en route. Je n'ai rien trouvé à faire ici.

Le vieillard affecte de parler négligemment, en fixant la tête de *Gorion* comme s'il voulait enlever de l'importance à ce qu'il dit.

— C'est peu, mais, si vous voulez, la moitié du travail est pour vous.

— Non. Je vous en suis aussi reconnaissant que si j'acceptais. Nous ne sommes pas dans un temps où l'on peut partager.

— Comme il vous plaira.

Ils se regardent.

— De quel côté allez-vous ?

— J'avais pensé descendre jusqu'à Trillo.

Ils se serrent la main et se disent adieu.

— Peut-être nous reverrons-nous.

— A la volonté de Dieu.

— Si nous ne nous retrouvons pas, je vous souhaite bonne chance.

Le vieillard qui s'était levé se rassoit cependant que le voyageur, le cœur un peu gros, — pourquoi ne pas l'avouer ? — monte une rue escarpée derrière deux femmes qui portent une cruche sous le bras.

L'ami de Cifuentès demande au voyageur :

— Qui est-ce ?

Et le voyageur lui répond :

— Un vieil ami, un très brave homme. Il s'appelle Jésus, il est de la région de Belmontè, d'un village nommé Villaescusa, et il va de droite et de gauche, comme je le fais en ce moment.

Dans l'église du Salvador, le voyageur admire une chaire de jaspe ou d'albâtre, une chaire qui est très belle et qui doit avoir une grande valeur. Elle est ornée de sculptures d'un travail très soigné, achevées par une tête à deux faces, comme celle de Janus, mais qui représente un visage de femme et un visage d'homme. Le curé raconte au voyageur la dernière histoire de la chaire.

— Après la guerre, comme elle avait disparu, je me suis donné bien du mal pour la retrouver. Enfin, je l'ai découverte à Madrid dans un musée. Tout d'abord, on ne voulait pas me la rendre, on m'en proposait une autre. Un jour, je suis parti avec un voisin et sa camionnette, je me suis planté à la porte du musée et je leur ai dit : « Amenez-moi cette chaire, elle m'appartient. » Je l'ai chargée dans la camionnette et la voici.

Ce curé est un curé vaillant, décidé, un curé sympathique, qui ne plaint pas sa peine et qui est fier de sa chaire. Aussi, quand il l'a retrouvée, il l'a emportée, et n'en parlons plus.

Une des portes de l'église donne sur un *patio* planté d'une treille et de quelques arbres. Le *patio* communique aussi avec la cure.

— C'est mieux ainsi, dit-il. Je veux prendre le frais ? Je viens faire un tour ici et je ne sors dans la rue qu'en cas de nécessité.

La cure est propre, claire, avec des parquets bien astiqués et des murs blanchis à la chaux. Le curé accompagne le voyageur jusqu'à la porte. Il faut descendre un escalier assez long à cause de l'inégalité du terrain. Le *patio* est au même niveau que les fenêtres du premier étage, sur la rue. Ils se séparent.

— Au revoir, Monsieur le Curé, et merci de votre accueil. Je suis enchanté de vous connaître.

— Au revoir, mon ami. Vous ne me devez aucun remerciement. Tout le plaisir est pour moi. Et bon voyage.

Le voyageur s'en va avec Arbeteta. Au bout de quelques pas, il se retourne. Le curé, au milieu de la rue, fait des signes d'adieu.

Un chien renifle un tas d'ordures. Deux immenses jarres de grès vides sont renversées par terre dans un coin, en plein soleil.

— Maintenant, si vous voulez, dit l'ami de Cifuentès, nous allons goûter et ensuite nous irons visiter une maison qu'on appelle la Synagogue. Elle est très ancienne, vous verrez.

Le voyageur, comme il faut s'y attendre, approuve l'idée d'aller goûter. Il a faim et chez Arbeteta il boit un verre de lait crémeux, jaune comme du beurre, et il mange un morceau de pain blanc épais, tendre, large de deux paumes. Quand il a le ventre plein il devient sentimental. Il s'en aperçoit et coupe court.

— Nous allons à la Synagogue ?

— Allons, si cela vous fait plaisir.

Le voyageur, après avoir goûté, commençait à penser au gazouillis des oiseaux, au vol gracieux des papillons, aux enfants perdus et autres calembredaines. Voilà ce qui arrive quand on a le ventre plein :

l'esprit se peuple d'idées de demoiselle catéchiste.

La maison de la Synagogue a deux étages, des fenêtres plutôt petites et un *patio* entouré d'une colonnade. Au milieu, un puits à haute margelle, fermé par quelques planches. Des poules picorent du fumier ; un porc grogne en fouillant le sol avec son groin.

L'ami du voyageur appelle à voix haute :

— Maria ! Où es-tu ? Nous voulons visiter ta maison.

La propriétaire apparaît en essuyant ses mains à son tablier.

— Il n'y a pas grand-chose à voir. C'est une maison très pauvre. Vous le savez.

Quelques hirondelles, rapides comme l'éclair, traversent le *patio*. Entre les poutres et sous les chapiteaux des colonnes elles ont fait leurs nids. Dans le mur, à mi-hauteur, on aperçoit les traces d'autres nids qui sont tombés tout seuls, un beau jour, sans aucune aide.

— C'est que les hirondelles sont comme les personnes : les unes sottes, les autres intelligentes. Regardez. Ces nids-là sont solides.

La femme, après avoir donné cette explication, sort de la maison deux banquettes pour faire asseoir le voyageur et son ami. A la fraîcheur du jour finissant il est agréable d'être assis dans un *patio,* de fumer une cigarette et de bavarder avec la propriétaire d'une Synagogue.

— Vous savez qu'autrefois cette maison était pleine de juifs ?

— J'en suis assez désolée !... Si le tonnerre avait pu les foudroyer tous !... Les bourreaux de Notre-Seigneur !

Le voyageur, comme toujours, se rend compte un peu tard qu'il a mis les pieds dans le plat. Alors, pour se consoler, il pense que cette femme ne peut pas ignorer que dans la région on traite dédaigneusement de juifs les gens de Cifuentès — et ceux d'Alovera et ceux de Taracena et ceux de Torija et ceux de Uceda — et de parjures ceux de Romanos, ce qui est encore pis. Le voyageur se dit que, justifiée ou non, c'est la coutume du pays.

Il se lève et parle alors de la récolte, ce qui est, cette année, un bon sujet de conversation, du temps qu'il fait, des poules qu'il trouve très belles et qui commencent à se coucher et à grimper par quelques bâtons en forme d'échelle jusqu'au poulailler. Deux pigeons se reposent au sommet d'un tas de bois. Un petit garçon arrive qui porte son cartable sous le bras.

— *Niño !* salue ce monsieur.

— Bonsoir, Monsieur.

Le voyageur, pour essayer de gagner les bonnes grâces de l'enfant, lui donne quelques sous.

— *Niño !* qu'est-ce qu'on dit ?

— Merci beaucoup, Monsieur.

Le petit est à quelques pouces du voyageur. Il le regarde fixement et lui souffle dans la figure. Sa respiration sent la vache fraîche, le veau de lait.

— Tu sais lire ?

— Oui, Monsieur.

— Quelle est cette lettre ?
— Une E.
— Et celle-ci ?
— Une M.
— Très bien. Connais-tu les règles d'arithmétique ?
— Non, Monsieur. Les règles, je ne les sais pas.

Quand le voyageur et son ami se retrouvent dans la rue, la lumière a changé. Le soleil a disparu derrière les collines, au delà de la Fontaine du *Piojo,* et les maisons commencent à prendre un ton plus fin, moins cru. Attaché à l'anneau d'une porte cochère, l'âne *Gorion* remue joyeusement la queue car, aujourd'hui, il s'est bien reposé. Par le portail grand ouvert on aperçoit le *patio* où le vieillard que le voyageur a rencontré à Brihuega, sous les arcades, mangeant des sardines séchées au pied d'une colonne, est occupé à vidanger une fosse d'aisances : c'est ce qu'il appelle bricoler.

La nuit tombe assez rapidement sur Cifuentès. Au-dessus de la ville se profile, isolé, le *Cerro de la Horca.* La cloche de l'église du Salvador, dans le clocher qu'une bombe a coupé adroitement par le milieu, comme aurait fait un couteau, sonne depuis un moment déjà la prière du soir.

Dans le clocher coupé en deux
La cloche sonne.
Sur le clocher coupé en deux
Le soleil chante.

Le voyageur se dit que demain il fera jour.

6. *Du Cifuentès au Tage*

Le lendemain matin, de bonne heure, le voyageur quitte Cifuentès, laissant la rivière à sa droite et le château de don Juan Manuel à sa gauche. Bientôt apparaissent à l'horizon les grands rochers isolés, de formes arrondies, appelées les *Tetas de Viana*. Un peu plus tard, au sommet d'une pente douce, le voyageur aperçoit Gargolillos avec son clocher pointu et Gargolès avec son clocher carré. Quelques-uns nomment Gargolillos : Gargolès *de Arriba* et Gargolès : Gargolès *de Abajo*[1]. Les deux se trouvent au bord du Cifuentès. Gargolillos est un peu à l'écart de la route, au bout d'un joli chemin encadré de murs en pierres sèches et de ronces.

Il fait bon marcher à la fraîcheur. Un léger ruban de nuage, presque imperceptible, s'étend sur la rivière. Les étourneaux et les martinets fendent l'air, une pie noire et blanche saute de pierre en pierre pendant qu'une alouette chante entre les sillons. La brise mati-

---

1. Gargolès d'En Haut et Gargolès d'En Bas.

nale court sur la campagne, l'air est limpide, clair, transparent, diaphane.

A peine le voyageur a-t-il monté un coteau qu'il perd Cifuentès de vue. La route traverse quelques boqueteaux de peupliers noirs isolés, peu touffus. Entre la route et la rivière s'étendent de verdoyantes terres maraîchères plantées d'arbres fruitiers. De l'autre côté, le terrain est de nouveau sec, dur, d'un brun grisâtre. Les terres sèches sont occupées par des troupeaux de brebis blanches et de brebis noires — ou plutôt châtain foncé — toutes mélangées et les terres irriguées par des femmes et des enfants qui les travaillent.

La route est déserte, personne ne monte ni ne descend. Le voyageur passe auprès d'une grande bâtisse en pierres qui semble abandonnée. Elle est entourée de vergers et d'un petit jardin. A la porte, un écriteau indique : « Défense d'entrer. Propriété privée. »

Un homme assis sur une borne range sa pacotille dans une boîte de colporteur.

— Vous venez de Cifuentès ?
— Oui.
— Et qu'en dites-vous ?
— Mais... que c'est très bien.
— C'est égal, je n'y vais pas.
— Pourquoi donc ?
— Non, je n'y vais pas ! Que voulez-vous ?... Personne ne me dit la vérité !

Le colporteur a des paupières absolument lisses, sans cils, et il a aussi une jambe de bois, mal fixée au moignon par des courroies. Une cicatrice traverse son front et un nuage couvre un de ses yeux, un nuage bleu pâle, presque blanc. Il est petit, mince, étriqué comme un sucre d'orge et paraît en vouloir au monde entier.

— A moi, personne ne dit la vérité. Je dégoûte les gens. Savez-vous comment on m'appelle à Guadalajara ?

— Non.

— Eh ! bien, on m'appelle *le Merdeux*. Comment trouvez-vous cela ?

— Eh ! bien, mon ami, je le trouve mal. Que puis-je vous dire de plus ?

— Les coquins ! Si on pouvait leur faire assez de coquineries pour les plumer complètement !... Dites, me donnez-vous un peu de tabac pour bourrer ma pipe ?

Le voyageur lui tend sa blague.

— Oui, avec plaisir. Prenez.

— Pourquoi dites-vous « avec plaisir » ?

Le voyageur hésite avant de répondre :

— Parce que c'est vrai. Allons ! Allumez votre pipe !

— Bien, mon ami, bien, ne vous fâchez pas. Au diable les gens !... Vous figurez-vous que, parce que vous me donnez un peu de tabac, vous pouvez me parler ainsi ?... Dites donc, vous êtes d'Aranzueque ?

— Non, pourquoi ?

— Je ne sais trop. Il me semblait que vous aviez une tête d'affamé.

L'homme revient à son étalage ambulant et met un peu d'ordre dans les rubans de couleur, les feuillets qui prédisent la bonne aventure et les petits peignes en métal doré, bien polis et brillants comme des miroirs.

— On ne vend même pas un balai.
— Oui, les temps sont durs.

L'homme lève la tête et regarde le voyageur fixement.

— Et vous vous plaignez ! Avec votre taille et vos deux jambes !

Le voyageur commence à penser que cet homme qui vend des rubans de couleur a une dialectique déconcertante.

— On m'a volé une grande fortune, un héritage.
— Ah ! oui ?
— Oui, Monsieur. Ne me croiriez-vous pas ?
— Oui, oui, je vous crois. Pourquoi ne vous croirais-je pas ?
— C'était la fortune du Vice-Roi du Pérou. Vous avez entendu parler du Vice-Roi du Pérou ?
— Beaucoup.
— Eh ! bien, il m'a laissé tout ce qu'il possédait. Sur son lit de mort, il a fait appeler le notaire et, devant lui, il a écrit sur un papier : « Moi, don Jéronimo de Villegas y Martin, Vice-Roi du Pérou, je lègue tous mes biens présents et futurs à mon neveu, don Stanislas de Kostka Rodriguez y Rodriguez, alias *le Merdeux*. » Je le sais par cœur. Le petit papier

est en sûreté à Rome parce que j'ai été tellement étrillé que je ne me fie à personne qu'au Pape.

Le colporteur se lève et ajoute :

— On m'a volé cet héritage et on m'a laissé dans la plus grande indécence.

Le voyageur a besoin de quelques secondes pour comprendre que l'homme a voulu dire indigence.

— Mais je répète sans cesse : à quoi leur servira leur malhonnêteté puisque, dans la Vallée de Josaphat, la vérité éclatera tout entière, au grand jour ?

— C'est juste.

— Evidemment, mon ami, évidemment ! Ceux de Guadalajara, par exemple, ce qu'ils promettent le soir, ils l'oublient le lendemain matin. Mais, dans la Vallée de Josaphat, nous verrons comment ça se passera !... Dites donc, voulez-vous que nous marchions ?

— Très bien.

L'homme marche péniblement, il boite.

— C'est que ma jambe de bois est plutôt longue... Dites donc, votre sac n'est-il pas lourd ?

— Oui, un peu.

— Et pourquoi ne le jetez-vous pas ?

Après une heure de marche, Gargolès *de Arriba* apparaît sur les bords du Cifuentès, à l'écart de la route. Un homme coiffé d'un béret, le cou entouré d'un cache-nez, attend l'autobus en compagnie de deux jeunes femmes. Ce sont les uniques habitants de Gargolillos qu'il est donné au voyageur de rencontrer et ils ont l'air de braves gens, bien que les villageois de la région les qualifient de *doigts crochus,* ce qui signifie voleurs, ou à peu près.

Le voyageur écoute le colporteur lui raconter comment il a perdu sa jambe.

— Je vais vous expliquer. Le jour de la Saint-Henri, l'année de la proclamation de la République, je me suis dit : « Stanislas, il faut en finir. Tu es malheureux. Ne vois-tu pas que tu es un malheureux ? » Il faisait une chaleur à crever. J'étais à Camporreal, je me suis avancé jusqu'à Arganda et je me suis couché sur la voie. Je pensais : « Quand le train passera, Stanislas s'en ira dans l'autre monde. » Oui ! oui ! j'étais bien tranquille, je vous le jure, mais parce que je ne voyais pas le train. En l'apercevant, j'ai senti un coup dans le ventre comme si on me l'arrachait. J'ai résisté un peu, mais quand le train est arrivé sur moi je me suis dit : « Sauve-toi, Stanislas, il va t'écrabouiller ! » J'ai bondi, mais la patte était restée en arrière. Si des ouvriers de la sucrerie ne m'avaient pas ramassé, j'aurais saigné là, comme un goret. Ils m'ont emporté chez le médecin. On m'a soigné et on m'a aussi gratifié d'un sobriquet quand on a vu l'état de mon pantalon. Un de ceux qui m'avaient relevé portait ma patte. Il la tenait par le soulier et il ne cessait de demander : « Dites-moi, qu'est-ce que je fais de ça ? » On comprenait que le médecin ne savait où la mettre parce qu'il répondait seulement : « Ça s'appelle une jambe, imbécile, ça s'appelle une jambe. »

Le voyageur croit qu'il est plus prudent d'interrompre l'histoire. Le colporteur, en parlant de la jambe qu'il a laissée à Arganda, a pris un air triste, une attitude abattue.

— Voulez-vous fumer une autre pipe ?

— Bien... Dites donc, vous vous connaissez en pipes ?

— Très peu.

— Alors ce n'est pas la peine que je vous donne des explications. Il vous suffit de savoir que celle-ci est une Camelia de Luxe de Paris, de la France. Au diable l'ignorant !... Et savez-vous qui m'en a fait cadeau ?

— Non.

— Eh ! bien, apprenez-le : c'est le Général Weyler[1], un jour, au Paseo de Rosalès, à Madrid.

L'homme regarde le voyageur et sourit triomphalement.

— Ah ! Ah ! Qui croyez-vous donc que je fréquente ?

Il est onze heures du matin et le voyageur a faim.

— Vous me jurez que vous n'êtes pas d'Aranzueque ?

— Oui, mon ami, je vous le jure.

— Aïe !

Le colporteur s'assoit dans le fossé, détache sa jambe de bois et allume sa pipe.

— Bien. Alors, cassons la croûte. Que voulez-vous

---

1. Général espagnol, d'origine allemande, qui avait combattu les carlistes. Gouverneur de Cuba de 1895 à 1897. *(N. de la Trad.)*

que nous fassions ? Nous mélangeons ce que nous avons où chacun mange ce qu'il a dans sa musette ?

— C'est mieux de mélanger. Vous ne trouvez pas ?

— Pour moi, oui c'est mieux. Je crois que vous faites une mauvaise affaire, mais puisque c'est décidé... Je n'ai qu'une miette de viande boucanée.

Les deux hommes mangent et boivent ce qu'ils retirent de la musette et de la gourde de celui qui a ses deux jambes saines. On ne le croirait pas mais, quand on est assis dans la campagne, au bord d'une route, on voit mieux qu'en ville que Dieu a réglé les choses de ce monde avec assez de bon sens.

Le colporteur mange comme un ogre et le voyageur se demande en l'observant s'il ne serait pas d'Aranzueque.

— Moi, — déclare le vendeur de pacotille en dévorant une boîte de pâté de foie — ces choses à tartiner, j'aime mieux les manger par bouchées. Laissez le pain pour plus tard. Il pourrait vous manquer.

Le repas l'incite à pousser plus loin ses interrogations.

— Dites donc... à quoi vous occupez-vous ?

— Mais... vous voyez... à ce qui se présente.

— Non, non ! On dirait que vous répondez à la Garde Civile. A quoi vous occupez-vous ?

Le voyageur ne sait quelle explication donner.

— Dites-le ! mon ami, dites-le ! Je ne le proclamerai pas sur les toits et, de plus, nous essayons tous, tant que nous sommes, de plumer la poule sans la faire

crier, quand c'est possible... Du moins, je le crois...
Par ici, celui qui ne se débrouille pas, on sait ce qui
l'attend : « *Si tu vas à Alceas, surveille bien ta besace.
Car ceux de Fuencemillan viendront. Et si tu n'as
garde, te l'enlèveront.* » Voici ce que dit la chanson ;
mais enfin, si vous ne voulez pas parler, eh ! bien,
ne parlez pas !... Je m'en moque !

Il se tait quelques secondes, boit un coup et reprend :

— Ma mère disait qu'ici-bas celui qui mange, c'est
qu'il vole, et celui qui ne vole pas, c'est qu'il ne sait
pas s'y prendre. Quelle est votre occupation ?

Après avoir marché un moment, les deux hommes
atteignent Gargolès *de Abajo* et le colporteur s'arrête
brusquement.

— Je vais vous dire quelque chose.

— Quoi ?

— Je ne fais pas un pas de plus. Je n'entre pas
ici.

— Vous êtes fatigué ?

— Non, non, je ne suis pas fatigué, mais aujour-
d'hui j'ai mangé et je ne veux pas tenter Dieu. Je
n'entre dans les villages que pour manger. Quand
j'abuse, Dieu me punit et me fait rejeter du sang
par la bouche... Dites donc... vous ne pourriez pas me
secourir ?

A Gargolès, le voyageur se trouve en présence de
quelques grottes qui servent à garder le vin et les
pommes de terre et qui sont fermées par une porte
et un cadenas. C'est à croire qu'on fait exprès de
créer partout des obstacles à son ami Stanislas de

Kostka Rodriguez y Rodriguez, neveu du Vice-Roi du Pérou.

Le voyageur, pour ne pas oublier ses traits particuliers, note sur un papier le demi-signalement du *Merdeux*.

Don Stanislas de Kostka
A une jambe de bois.

Colporteur
Sur les chemins d'Alcarria
— Rubans,
Epingles,
Perles de couleur,
Barrettes,
Peignes,
Papiers de senteur —
Marchand de bonheur.

Don Stanislas de Kostka
Porte sur les épaules l'ange du malheur.

Gargolès est un village entouré de jardins et de vergers bien cultivés ; sa population est appliquée à son travail. A Gargolès, la route suit exactement le cours de la rivière et ensemble elles vont ainsi jusqu'à Trillo. Des enfants assis dans un enclos regardent le voyageur. Les campagnards courbés sur leur tâche se redressent et regardent aussi. Le voyageur entre à

l'auberge, une auberge sans nom comme celle de
Torija, pour se reposer un moment, faire sa toilette
et attendre l'heure du repas. Dans ce village le voyageur se rend compte qu'en Alcarria le mot hôtel est
inconnu. Quand il a demandé où était l'hôtel on ne
l'a pas compris. Mais quand il a demandé où se trouvait l'auberge on lui a répondu qu'il n'y avait pas
d'auberge, mais un *parador*. Le *parador* de Gargolès
est placé comme le village entier à gauche de la route,
en venant de Cifuentès. Il a une grande porte cloutée,
une noble porte ancienne, qui ressemble à celle d'un
château. Le voyageur accroche son petit miroir à un
des clous et se rase. Dans la glace, il voit quinze à
vingt personnes qui l'observent de loin.

Du porche, sort un muletier qui tire deux mules
par la bride. Quelques pigeons picorent des brins de
paille amoncelés. Deux chiens dorment étendus au
soleil. Un enfant déculotté fait ses besoins, accroupi
sur le toit d'une petite étable basse. Les hirondelles
entrent et sortent, vont et viennent, dans le vestibule
qui est plein de nids, en babillant comme des folles.
La porte du *parador* ne se ferme jamais.

Le voyageur entre dans la salle à manger, une pièce
carrée très haute, avec un plafond en poutres de châ-
taigniers apparentes. Les murs sont garnis d'une demi-
douzaine de chromos qui représentent des oiseaux aux
couleurs éclatantes et variées, des lapins au pelage gris,
morts et suspendus par les pattes, des homards cuits
d'un rouge vif et des truites argentées à l'œil vitreux.
Le déjeuner est servi par une femme en noir, bien

en chair, avec une peau dorée. Elle a des yeux noirs pensifs et profonds, une bouche grande et sensuelle, un petit nez fin, bien dessiné, et des dents blanches. La servante du *parador* de Gargolès est hermétique et déplaisante, elle ne parle pas, ne sourit pas, ne regarde personne. On dirait une dame maure.

Un lévrier noir tourne autour du voyageur qui mange une soupe à l'ail et une omelette à la marinade. C'est un chien respectueux, un chien pondéré qui n'est pas gênant et ne mendie pas, un chien qui porte dignement sa pauvreté, qui mange quand on lui donne et, sinon, qui dissimule sa faim. Sur ses pas un autre chien est entré dans la salle à manger, un chien à poil roux, qui tient du loup et qui a une expression affectueuse et surprise à la fois. C'est un chien vulgaire, sans esprit, qui grogne et montre les dents si on ne lui donne rien. Il est affamé ; le voyageur lui jette un morceau de pain dur, il l'attrape au vol et va se coucher dans un coin pour le dévorer. Le lévrier noir le regarde attentivement mais ne bouge pas.

Le voyageur, son déjeuner terminé, allume une cigarette, se lève et lit sur les murs badigeonnés des inscriptions au crayon, qui ressemblent à celles qu'on trouve dans les cabinets des lycées et collèges. Il y en a pour tous les goûts et de toutes les couleurs. Une d'elles, écrite en lettres bien moulées, indique : « Compagnie de Théâtre et Variétés — Compagnie Olivarès — Deux représentations, 600 pesetas — Grand succès — 13-3-45. » C'est une inscription satisfaite, optimiste, une inscription pleine d'euphorie. Une tête de femme aux longs cheveux est signée Fermin Gonzalez, de Cuenca, un homme qui a un beau paraphe, pompeux, élégant, un paraphe notarial et provocant.

Le voyageur enlève ses gros souliers, installe son sac en guise d'oreiller, s'enroule dans sa couverture et se dispose à dormir dans un coin, sur le sol. A côté de lui, le lévrier noir, comme s'il voulait veiller sur son sommeil, s'étend aussi. Le chien roux est parti. C'est un chien sans caractère, un chien qui n'a pas de philosophie et qui ne supporte pas de rester pendant une heure ou une heure et demie les pattes croisées l'une sur l'autre sans rien faire.

De Gargolès, une route mène directement à Sacedon et suit, pendant plusieurs lieues, les bords du Tage. Le voyageur hésite et ne sait s'il doit aller à Trillo en longeant le Cifuentès, comme c'était son intention, pour voir mourir la rivière après l'avoir vue naître, ou prendre le nouveau chemin, faire un léger détour et passer la nuit à Gualda.

A la sortie de Gargolès, vers Trillo, un homme tape à coups de bâton sur un grand âne qui exécute de terribles ruades en levant la lèvre supérieure et en montrant les dents. Une femme explique au voyageur que cet âne doit être de Hita. A ce qu'il semble, les ânes de Hita ont mauvaise réputation dans le pays. C'est comme les femmes de Fraguas.

Un peu plus loin, deux hommes changent la roue d'un camion surchargé. Le voyageur marche toute la journée et croise à peine, de temps en temps, deux ou trois autocars, quelques voitures de tourisme et quelques camionnettes.

Gargolès, qu'il a laissé derrière lui, s'est vidé de ses habitants qui se sont répandus dans les terres. Ce sont des gens travailleurs, décidés, peut-être certains sont-ils un peu sauvages. Un marchand drapier, qui parcourt la région dans sa petite charrette, raconte au voyageur qu'un homme de Gargolès, qui voulait s'enrichir en deux ans, a fait le trajet depuis la Puerta, c'est-à-dire d'une distance de cinq lieues environ, portant treize chevreaux sur sa bicyclette. En arrivant à Gargolès, il est mort, car son cœur et son foie avaient éclaté.

— Voyez, conclut le marchand, où mène l'excès d'avarice : « On risque de tout perdre en voulant trop gagner. » Et après cela, j'ai entendu traiter de brutes ceux d'Alcocer, parce qu'ils ont jeté le Christ à l'eau !

Le voyageur apprend ainsi qu'en Alcarria on a l'habitude de chanter cette *copla* :

Je ne connais pas plus sauvages
Que les habitants d'Alcocer
Qui jettent le Christ à la rivière
Parce qu'il ne pleut pas sur leur village.

En approchant de Trillo la terre est encore plus fertile. L'eau favorise la végétation et les arbres sont d'une taille très élevée comme à Brihuega. Cette région, bien arrosée, semble très bonne, quelques châ-

taigniers apparaissent même, de distance en distance.
A l'entrée du village, le voyageur remarque une maison très soignée, toute couverte de fleurs. C'est là qu'habite, en cultivant ses rosiers et ses œillets et en travaillant son jardin potager, un vétéran de l'alpinisme appelé Schmidt. Ce Schmidt, qui a eu l'idée de construire une maison en face de la cascade du Cifuentès, un peu avant le confluent de la rivière et du Tage, est un montagnard fameux. Dans la Sierra de Guadarrama un sentier porte son nom.

La cascade de Cifuentès, de quinze ou vingt mètres de hauteur, est une belle queue de cheval d'eau écumante et rugissante. Ses rives sont peuplées d'oiseaux qui chantent à longueur de journée. Pour édifier une maison c'est un joli site, peut-être même trop joli.

Le voyageur cherche un endroit où il passera la nuit ; il y laisse ses bagages et va faire un tour au village. Du pont, il regarde couler le Tage, dont les eaux sont troubles, boueuses et les bords imprécis. Quelques pêcheurs à la ligne, en costume de velours à côtes, ceinture noire et chemise fermée au ras du cou par un bouton, ont des allures de cultivateurs ou de muletiers. Ils attendent patiemment qu'une truite morde à l'hameçon. Un peu plus bas des femmes lavent du linge.

Près de la cascade
Le rossignol chante.

Au bord du Tage
Pêchent les pêcheurs.

*Sur la terre fertile
Laboure le laboureur.*

*Les géraniums fleurissent
Dans la verdure et la fraîcheur.*

*Les beaux arbres ressemblent
Tous à de grands seigneurs.*

*Vu de Trillo, le monde
N'a pas la même odeur.*

Le voyageur mange quelques friandises et des galettes feuilletées dans une boutique, près du pont, et ensuite il fume une cigarette à la porte avec quelques hommes qui sont déjà revenus de leur travail. Le groupe augmente en nombre et le voyageur exprime le souhait de voir le village. Trois ou quatre hommes de son âge l'accompagnent. Les tavernes de Trillo sont gaies, bruyantes et toujours proches du vacarme. Le voyageur trouve les gens aimables, attentionnés, désireux de faire plaisir. Il le déclare à ceux qui l'entourent et l'un d'eux lui répond en souriant :

— Eh ! bien, figurez-vous que, dans le pays, on prétend que nous sommes de mauvaises gens.

En sortant d'une taverne, le groupe rencontre un homme encore jeune et quelqu'un dit au voyageur :

— Je vais vous présenter à Monsieur le Maire.

Le voyageur et le Maire se saluent.

— Je suis enchanté de vous connaître.

— C'est moi.
— Alors, comme ça, vous visitez la région ?
— Oui... je fais un tour par ici.
Ils ne savent que se dire.
— Avez-vous besoin de quelque chose ?
— De rien, merci beaucoup.

Le Maire de Trillo paraît âgé de trente ans passés. Il est tailleur de profession. Il a aussi un magasin de tissus et confection.

En se promenant à travers le village, ils sont vite amenés à parler de la léproserie.

— Au commencement, disent-ils, nous étions plutôt effarouchés par le voisinage de la lèpre ; mais peu à peu nous nous y habituons.

Un vieil homme précise :

— Ce qu'il y a de triste, c'est que les bains du temps de Charles III, qui étaient célèbres dans toute l'Espagne, sont détruits. Vous devez connaître le proverbe « A Trillo tout se guérit moins la syphilis et la folie. »

— Mais vous n'avez pas peur d'attraper la lèpre ?

Les hommes se regardent et répondent enfin :

— Non, vraiment... non. C'est-à-dire, certains ont peut-être peur, d'autres pas...

Avant de retourner à l'auberge, le voyageur note quelques noms. Les noms d'Alcarria. Dans tous ces villages, il a rencontré des Batanero, des Gamo, des Ochaïta, des Bachiller, des Arbeteta, des Bermejo, des Rodrigo, des Alvaro, des Laina, des Romo, des Poyatos.

— Les uns sont d'un côté, les autres d'un autre, n'allez pas croire qu'ils sont tous réunis.

— Non, non, je me le figure.

A l'auberge, en attendant le dîner, le voyageur cherche dans le livre que lui a offert Julio Vacas, à Brihuega, ce que dit des eaux de Trillo don Ramon Tomé, traducteur du *Traité Pratique de la Goutte* et auteur du *Traité des Bains et Eaux Minérales* qui termine l'ouvrage. Il explique brièvement la situation de Trillo, à deux lieues de Cifuentès, au bord du Tage, dans la province de Guadalajara et dans l'évêché de Siguenza. Il relate le témoignage de don Eugenio Antonio Peñafiel, médecin de la dite ville, — déjà cité par don Casimiro Ortéga dans sa relation sur les eaux — au sujet du Baron de Mesnis, premier lieutenant des Gardes Wallonnes. Le cas de cet homme est curieux, car on le vit arriver complètement perclus à Trillo, et après avoir bu pendant quelques jours les eaux mélangées à du sérum de chèvre, il se trouva beaucoup mieux et put rejoindre la Cour, complètement réconforté ajoute le chroniqueur. Ceci se passait en 1768.

Quand, environ cent soixante-dix ans plus tard, on appelle le voyageur pour dîner, il y va en pensant que le Baron de Mesnis a dû être bien satisfait de son séjour aux thermes de Trillo.

Deux hommes sont installés dans la salle à manger, deux représentants de commerce — ainsi que le voyageur va l'apprendre — qui boivent du café. Ils ont dîné, mais ils préfèrent attendre un moment avant d'aller se coucher. Le plus âgé lit un journal, *La Nouvelle Alcarria.* L'autre, le jeune, écrit ses comptes sur un cahier. Le voyageur s'assoit devant un plat d'œufs frits au *chorizo.*

— Bonsoir.
— Bon appétit.
— En voulez-vous ?...
— Merci. Nous avons déjà dîné.

Les deux hommes laissent, l'un sa lecture, l'autre ses écritures et examinent le voyageur. Ils ont envie de le questionner, surtout le jeune, mais, à la vérité, ils ne s'y décident pas tout d'abord. Le vieux a un air sombre, taciturne, préoccupé. Au contraire le jeune, qui est de petite taille, est loquace, complaisant et s'efforce d'être aimable. Il s'appelle Martin et il représente une fabrique d'espadrilles, avec semelles de corde ou de caoutchouc, au choix. Le voyageur apprend ensuite que le plus âgé emprunte habituellement l'autocar pour se transporter d'un côté à un autre ou qu'il va à pied. Quant à Martin, il fait ses déplacements à bicyclette et il a un concept sportif de l'existence. Il finit par dire au voyageur :

— Avec mon cheval d'acier en bon état, je suis capable d'aller vendre des espadrilles au bout du monde.

Le voyageur n'en a pas douté un instant.

— Et pour placer un article, quel qu'il soit, il faut le dépeindre sous un jour favorable et avoir la patience d'attendre. Beaucoup de doigté et beaucoup de patience, sinon, impossible de réussir.

— Vous ne vendez que des espadrilles ?

— Non, Monsieur, je vends tout ce qu'on me demande. Manque-t-on de boutons dans un village ? de coton à repriser ? de papier à lettres ?... J'y vais, j'envoie au fabricant une carte postale et l'affaire est faite. Si je ne plaçais qu'un article je ne couvrirais pas mes dépenses.

Pour entrer dans la salle à manger il faut passer par la cuisine. Quand le voyageur l'a traversée, l'aubergiste y dînait avec sa famille.

— Voyez-vous, ces villageois sont des roublards.

Tout en parlant, le jeune homme roule une cigarette avec le tabac que le voyageur vient de lui offrir.

— Ici, il ne faut pas se laisser aller à dormir sur ses lauriers, sinon on vous joue des tours pendables ; mais ce n'est pas mauvais pour apprendre à se débrouiller et acquérir de l'expérience.

Il tire sur sa cigarette et hoche la tête. L'autre représentant de commerce plie son journal et regarde silencieusement les deux interlocuteurs.

— Parce qu'en Espagne le peuple est très inculte. Ici il n'y a pas de culture mais beaucoup d'analphabètes. Moi, vous voyez où j'en suis, et cependant j'ai suivi pendant trois ans les classes du baccalauréat. Mais je ne me plains pas. Je subviens à peu près à mes besoins et je ne demande pas plus. Je deviendrai riche, si je peux. Sinon, eh ! bien... cela n'empêchera pas la terre de tourner. Pour le moment je m'efforce de mener une vie saine et de prendre l'air. Vous savez ce qu'on disait autrefois : qu'il faut avoir un esprit sain dans un corps sain. J'ai été élevé chez les Pères Salésiens. Certains de mes camarades de collège sont aujourd'hui médecins ou directeurs de quelque affaire et ils vivent comme des princes. Je ne les fréquente pas car je n'en ai pas envie. Si un jour j'ai des relations avec eux, je veux que ce soit sur un pied d'égalité et j'espère avoir une maison qui me fasse honneur, car je suis très fier.

— Vous avez raison.

— Certainement, j'ai grandement raison. Nous sommes tous faits du même bois.

Après cette confession, le jeune homme questionne le voyageur, sans avoir l'air d'y toucher :

— Et vous ?...

— Eh ! bien... vous voyez... !

— Quand on m'a dit qu'un monsieur venait d'arriver, j'ai pensé que c'était peut-être le contrôleur des Contributions.

— Non, grâce à Dieu, je ne suis pas le contrôleur des Contributions.

Il paraît déconcerté.

— Parce que, voyons, vous n'êtes pas voyageur de commerce... du moins je le crois. Nous nous serions déjà rencontrés.

— Evidemment.

La patronne de l'auberge apporte des bananes, comme dessert, et une tasse de café. Le voyageur lui demande s'il ne pourrait pas trouver un guide pour traverser les *Tetas de Viana,* un jeune garçon qui connaisse bien le chemin et une bête de somme pour porter ses bagages. Elle réfléchit un instant.

— Pourquoi n'emmèneriez-vous pas mon Quico ?
— Qui est votre Quico ?
— C'est mon fils aîné. Il a dix-huit ans.

Après s'être entendu avec l'aubergiste, le voyageur va se coucher. Martin l'accompagne, les deux lits sont dans la même chambre.

— Où allez-vous ?
— Je ne suis pas encore fixé. Peut-être à Budia, peut-être à Pareja.

Quand ils sont au lit tous les deux et que la lumière est éteinte, le représentant de commerce questionne de nouveau :

— Et cela vous est égal d'aller à un endroit plutôt qu'à un autre ?
— Oui, vraiment. Je n'y attache pas d'importance.

Un moment après, avant de se retourner une dernière fois et de fermer les yeux, le jeune homme recommence à questionner son voisin de lit :

— Dites-moi, et excusez ma curiosité, quand vous mangez des œufs frits, vous en prenez toujours cinq ?

Le voyageur ne répond pas, il feint de dormir. Dehors, rompant un silence impressionnant, la Cascade du Cifuentès lance un rugissement monotone.

7. *Du Tage au ruisseau de la Soledad*

Le voyageur se réveille à six heures du matin. Le jour se lève. Le voyageur s'est bien reposé, il a dormi toute la nuit d'un trait. Il se lave, s'habille, plie sa couverture, met sac au dos et se dispose à sortir. Martin ouvre l'œil et le salue.
— Bonjour.
— Bonjour. Comment avez-vous dormi ?
— Très bien et vous ?
— Très bien, merci. Vous ne vous levez pas ?
— Non, pas encore. Comme je vais à bicyclette... !
— Oui, en effet.
A la porte, Quico et sa mule attendent le voyageur. Quico est un vigoureux garçon, bien lavé, bien peigné, qui porte une chemise propre, une chemise d'une blancheur immaculée. La mère de Quico s'est levée pour veiller à la toilette de son fils et servir au voyageur le petit déjeuner.
La mule de Quico s'appelle *Jardinera,* elle a le poil

châtain, elle est jeune et de taille moyenne. Elle a l'air d'une mule de bonne race.

Le voyageur et sa suite traversent le Tage et empruntent un sentier de chèvres qui gravit la petite montagne de la *Dehesa*. Quico explique au voyageur que les Américains ont emporté, dit-on, pierre par pierre le Monastère de Ovila, avant la guerre civile.

Dans la montagne de la *Dehesa,* la végétation est rude, balsamique, c'est une végétation composée d'aubépine, de romarin, de lavande, de sauge, de marjolaine, de genêts, d'ajoncs, de garous, d'immortelles, de cistes, d'yeuses et de thyms. Une végétation à peine visible mais si odorante qu'elle monte à la tête. Le jour s'annonce beau ; il ne fait pas encore chaud ; l'air est transparent. Le Tage, qui de près est laid et boueux, de loin apparaît joli et très élégant. Il coule en décrivant des courbes, toujours entouré d'arbres. Sur le bord, au premier plan, on aperçoit la léproserie. Elle est formée de plusieurs grands pavillons et de quelques maisons plus petites et de tailles différentes. Quico explique à mesure au voyageur ce qu'ils voient : c'est ceci, c'est cela, c'est ce qui est là-bas... Ensuite, il sourit et dit d'un air triste :

— Pauvres gens ! n'est-ce pas ?
— Oui...
— Ils sont malheureux, n'est-ce pas ?
— Oui...

Aux pieds du voyageur, de l'autre côté du fleuve, se trouve la route d'Azañon et de Peralvechè.

— Par là, on peut aller aussi à Viana et à La Puerta.
— Et par ici ?
— Par ici également. Par ici, un raccourci mène tout droit à Viana.

Le voyageur veut profiter de la fraîcheur et de la mule qui porte son sac pour marcher continuellement, sans s'arrêter ou en s'arrêtant le moins possible, seulement quelques minutes de temps en temps, afin de regarder le paysage.

La traversée de la *Entrepeña* offre aux yeux un beau décor, un décor de théâtre composé de grands rochers abrupts et nus, d'arbres morts, brisés par la foudre. Un oiseau de proie vole, un lapereau dans les serres. Un immense lézard, un lézard vert, jaune et rouge, file entre les jambes du voyageur.

En arrivant au lieu appelé la Fontaine de la *Galinda*, les *Tetas de Viana* apparaissent hérissées, violemment dressées.

Le voyageur se sent poète et tire son crayon.

Aux Tetas de Viana
La mule, le paysage et moi.
Il est six heures,
Un oiseau chante,
Un lièvre se plante
Gaiement au soleil.
Debout il contemple
L'image païenne :
La mule, le paysage et moi.

*Il est six heures
Aux Tetas de Viana.*

Il dédie ces vers à une jeune femme, qui maintenant ne l'est plus autant, une jeune et vive campagnarde qu'il a aimée autrefois. Une aventure amoureuse qui n'a certainement rien à voir ici :

> *A la gaillarde
> Muletière
> Etrangère
> Aux chimères,
> Fanchon,
> Bichon
> D'un mari chapon.*

La Fontaine de la *Galinda* est une petite montagne pierreuse où abonde la chasse. Une compagnie de perdreaux s'élève à quelques pas des deux hommes, mais d'un vol bas, hésitant, d'oiseaux qui sont peu accoutumés au tir des chasseurs.

Quico et le voyageur font halte pour la première fois, boivent un coup, fument une cigarette et bavardent.

— Ici, un jour, on a tué quelqu'un.

Le voyageur pense que le site est bien choisi. Réellement c'est un site favorable.

— Vraiment ?

— Oui, Monsieur. D'abord on a tiré sur lui à coups

de fusil et ensuite, on lui a donné au moins vingt coups de couteaux.

— On a dû le laisser en bel état !

— Oui, Monsieur, on l'a laissé mort. Le mort était du village de Sotoca.

— Et qui l'a tué ?

— On ne sait pas. Qui peut le savoir ?

Un nid de guêpes bourdonne dans un creux d'arbre.

— On a volé l'argent du mort et on lui a coupé les oreilles.

— Ce n'est pas mal.

— Je ne sais trop, cela dépend du point de vue. Autrefois il paraît que c'était la coutume.

— Et aujourd'hui ?

— Non, je crois qu'aujourd'hui il s'en passe moins qu'autrefois.

Après la Fontaine de la *Galinda,* les deux hommes font l'ascension des *Acacias,* petites montagnes basses qui conduisent au plateau de l'*Olivar Hueco.* Sur les pentes des *Tetas de Viana* des prairies d'herbe tendre, verte, sont entourées de buissons et d'églantiers.

— Le raccourci passe par ici, à gauche. Pour monter aux *Tetas* il faut le quitter. La plus éloignée a un escalier de bois jusqu'à la cîme. Pendant la guerre, elle a servi d'observatoire. Voulez-vous que nous y montions ?

— Non, non, nous sommes bien ici.

Les deux *Tetas,* vues du nord, sont exactement semblables, ou presque. Peut-être celle du couchant est-elle un peu plus haute. Elles ont la forme d'un cornet dont la pointe aurait été coupée et chacune est couronnée d'une plate-forme aux bords rocheux et escarpés qui doivent être très difficiles à escalader.

En arrivant au versant opposé du massif le voyageur se trouve d'abord devant une très belle vue, ensuite elle devient plutôt désolée, au cours de la descente.

Des chemins commencent à partir du raccourci. Quelques-uns sont presque effacés. La mule avance avec précaution, avec grande attention, parfois les pierres roulent sous ses pas. A mi-pente se trouve la Fontaine du *Pilon*. Le voyageur aimerait se rafraîchir. La chaleur commence à être pénible. Les deux hommes sont en nage et de grosses gouttes de sueur perlent sur leur front.

— Nous nous lavons un peu ?

— Attendez. Nous allons trouver plus bas la Fontaine de *San Juan* qui est meilleure.

Effectivement, peu après, à un tournant du sentier, la Fontaine de *San Juan* est cachée entre les arbres. Le voyageur se déshabille à moitié, se lave et se met au soleil pour se sécher. Quico s'est mouillé les bras et le front.

— L'eau est traîtresse. Quelquefois on peut y attraper ce qu'on n'a pas.

Les *Tetas*, du côté sud, sont beaucoup plus laides, disgracieuses, difformes, comme tordues.

La mule, déchargée des bagages, mord les fougères de la fontaine. Des outardes, par groupes de cinq ou six, passent en volant très haut. Les grenouilles coassent. Les petits lézards, étonnés, passent la tête entre les pierres, regardent une seconde et s'enfuient précipitamment.

Le voyageur descend un ravin et arrive à Viana de Mondéjar, un village jaune, couché sur une colline épointée, presque noire.

Le voyageur n'y entre pas, il reste aux portes et mange une bouchée en compagnie de Quico. Ils se sont assis à l'ombre d'un bosquet de peupliers efflanqués, au bord du Solano, un petit ruisseau presque desséché qui traîne sa misère depuis la Sierra de *Umbria Seca.*

Sans eau va le ruisseau,
Sans race le taureau,
Sans ombre le peuplier
Couleur dorée.

Sous les deux Tetas
Dorment en rond
Les maisons de Viana
Couleur de plomb.

Après avoir mangé, le voyageur, qui est parvenu maintenant en plaine, remercie Quico et sa mule *Jardinera* et s'étend à l'ombre, le béret rabattu sur les yeux. Bientôt, à la fraîcheur, il dort profondément d'un sommeil doux, réconfortant.

Quand il s'éveille, il se lève, s'étire un peu, met

sac au dos et reprend la marche. Un certain temps a dû s'écouler, car il n'aperçoit nulle part Quico et sa mule *Jardinera*. Ils sont déjà au delà des *Tetas*.

Une femme lave silencieusement du linge, tête nue sous un soleil implacable. Le silence est complet, rompu seulement par le léger murmure du Solana et un incessant coassement de grenouilles qui sert d'accompagnement.

Jusqu'à *La Puerta*, le chemin suit, ou presque, le bord du ruisseau. Il s'en écarte parfois un peu et quelques terres maraîchères l'en séparent. Pour entrer dans le village, on traverse un pont de pierre, petit, gracieux. Le Solana passe dessous et se glisse ensuite entre deux grandes masses de rochers en dents de scie, ou plutôt en forme de crête de coq. Le nom du village, *La Puerta* — La Porte — s'explique clairement.

> *La truite dans le ruisseau,*
> *Le coq sur l'arbrisseau.*
> *Dans la lumière printanière,*
> *Troublant l'air de cristal,*
> *Brûle l'antique charbonnière*
> *De charbon végétal.*

Le voyageur pénètre dans le village et cherche l'auberge. A l'auberge il ne trouve rien à manger. Il demande de maison en maison si on peut lui donner quelque chose et, de toutes, il reçoit la même réponse. Le voyageur qui est arrivé déjà fatigué s'épuise à monter et à descendre d'un bout à l'autre du village. Le Maire lui dit qu'il lui donnera un pain.

— Nous sommes pauvres, comme vous pouvez vous en apercevoir, mais personne n'est passé à *La Puerta* sans emporter un pain. A l'auberge, ils vous ont dit qu'ils n'avaient rien ?

— Oui, Monsieur.

— C'est que, voyez-vous, ce n'est plus une auberge. Quelquefois ils reçoivent un hôte, mais ce n'est plus une auberge.

Le Maire et le voyageur vont à la Mairie. C'est une écurie délabrée dans un coin de laquelle on a installé un petit bureau. Les hommes du village, assis par terre, ou appuyés sur le mur éraflé, y sont réunis. Quand le Maire entre, ils se lèvent et se découvrent. Quand il s'assied, ils s'assoient aussi et se couvrent de nouveau. Pour parler ils se lèvent et portent la main à leur casquette.

Le Maire est un homme d'environ quarante ans, fort et large d'épaules. Les habitants de *La Puerta* gagnent leur vie en fabriquant du charbon de bois et en cultivant les terres maraîchères. La pêche leur fournit aussi quelque ressource. Le voyageur observe qu'ils ont tous les yeux bleus. Dans la région on les a surnommés les *Gros Mollets*.

> *Ceux de La Puerta*
> *Ont tous de gros mollets.*
> *Certains leur ont ajouté*
> *Sept paires de bas.*

Le voyageur, pendant que les gens de *La Puerta* discutent de leurs affaires, pense qu'il ferait bien de se reposer quelques heures et de s'en aller ailleurs. Quand ils ont terminé leur conversation, il le dit au Maire.

— C'est que Budia est un peu loin.

— N'importe. Je paierais quelqu'un qui consentirait à m'emmener en voiture.

Le voyageur retourne à l'auberge pour essayer de dormir quelques heures. Il a été convenu que le Maire lui enverrait une voiture vers six ou sept heures du soir, quand les hommes commencent à revenir des champs.

Le voyageur entre dans la cuisine. Ses provisions sont presque épuisées : il ne reste dans sa musette qu'un œuf dur et deux oranges. La patronne de l'auberge lui offre quelques morceaux de chèvre bouillie et un verre de lait de chèvre également. Il pense à la fièvre de Malte, aux coups de corne, mais conclut que la faim est encore plus terrible et il mange et boit tout ce qu'on lui donne. La viande est sèche, dure, presque impossible à mâcher et le lait a une saveur âpre, agreste, douceâtre. Pendant qu'il mange, le voyageur est entouré de trois ou quatre chiens efflanqués, tristes, et d'autant de chats à l'expression farouche, sauvages, qui se tiennent hors de portée, soufflent continuellement et se mordent entre eux. Dans un coin de la cuisine une cuve de terre sert à faire la lessive. De grosses louches, des marmites et des casseroles de cuivre ornent les murs. Une réclame de tissus, aux couleurs du drapeau espagnol, est accrochée dans un angle ; elle est complétée par un *Viva España*. Près du feu, une jeune femme très belle est accroupie ; elle tient dans ses bras une enfant déjà grandette et elle prépare son repas. La petite s'appelle Rosita.

La patronne de l'auberge s'est assise sur une banquette basse, en bois, et elle engage la conversation.

— Vous êtes voyageur de commerce ?

— Non, Madame.

— Alors, vous êtes ce qu'on appelle comédien ?

Le voyageur plisse le visage, fait quelques grimaces, et les femmes commencent à rire. Il continue et les femmes rient de plus belle, aux éclats, elles se tapent les cuisses en disant : « Arrêtez ! arrêtez ! » Le voyageur se lève et esquisse deux pas de danse, par-dessus le pétrin, en simulant la boiterie. Les femmes sont rouges, congestionnées, elles étouffent de rire. Le rire gagne le voyageur qui est accroupi sur le banc et se gratte la tête dans la pose et à la façon d'un singe. La petite Rosita s'est mise à pleurer. Les chats, épouvantés, se sont enfuis et les chiens aboient, réfugiés sous le porche d'entrée.

— Non, Madame, je ne suis pas non plus comédien.

— Cependant, vous gagneriez très bien votre vie en faisant ces grimaces.

— C'est possible.

Le voyageur achève son repas et s'en va faire la sieste dans une immense pièce, délabrée, sans ordre, dans un lit qui a cinq matelas de paille les uns sur les autres et qui est grand comme une arène de *corrida*. La chambre est encombrée de cinq ou six malles, ornées de feuilles de zinc en couleur, qui sont posées sur des cales de bois et recouvertes de courtepointes à ramages, orange et bleus ; d'une table à brasero sans tapis, de deux glaces à cadres dorés ; d'une multitude de réclames agrémentées de chromos et enfin de photographies représentant un lieutenant barbu de la Guerre de Cuba. Les chromos sont très variés : un sultan coiffé d'un turban blanc avec une émeraude au centre, une marque de café, une petite gitane brune aux grands yeux rêveurs, des engrais au superphosphate, une colombe qui survole les toits d'une ville, une boutique de comestibles de la capitale « Produits fins du Royaume et des Colonies ». Cette décoration est complétée par une carte d'Europe, où figure encore l'empire austro-hongrois. Elle est bordée par des petits drapeaux de toutes les nations représentées, avec, au centre, en pendant, ceux de France et d'Espagne, sur un motif qui encadre les mots : *Liberté, Egalité, Fraternité* et l'inscription : *Visitez le Maroc*.

Le voyageur se déchausse en s'appuyant sur une sorte de fauteuil épiscopal qui ressemble à un trône. A côté, se trouve un pot à eau mince comme une patte d'araignée et une cuvette pleine de cheveux féminins, longs, soyeux, parfumés. Le voyageur s'aperçoit vite que le fauteuil épiscopal sert aux clients d'un coiffeur-barbier. Sur une feuille de papier rayé, clouée au mur par quatre punaises, le voyageur lit cet avis écrit à l'encre, avec beaucoup de soin : « Salon de coiffure de La Puerta. Tarif : Barbe, 0,75. Coupe, cheveux courts 0,75. Id. pour la nuque ou la raie 1.00 Id. à la parisienne 1,50. Service de brillantine 0,25. Friction à l'eau de Cologne, 0,50. Dames, coupe de cheveux 1.00. La Puerta, 1er janvier 1945. Le coiffeur, Pablo Balcon. On rase en permanence de 11 h. du matin à 11 h. du soir. Ouvert le jeudi. »

Le voyageur exécute un saut en hauteur pour se mettre au lit, il tire la couverture sur lui et ne tarde pas à s'endormir. Non sans avoir examiné les dalles de pierre qui couvrent le sol, les grosses poutres en châtaignier du plafond et la solide porte en bois clouté.

A six heures, le voyageur se lève, va se laver sous le porche, dans un grand seau d'eau très fraîche que la patronne a tiré du puits, s'habille et sort. Devant la porte il trouve le Maire et l'homme qu'il lui a procuré, avec sa charrette attelée d'une mule. Le Maire de *La Puerta* s'occupe de tout, aucun détail ne lui échappe, c'est un maire exemplaire. Lui et le Maire de Pastrana, que le voyageur connaîtra quelques jours plus tard, sont les deux meilleurs de l'Alcarria.

Avant de déposer son sac dans la voiture, le voyageur discute le prix.

— C'est un peu cher, me semble-t-il.

L'homme avait demandé cent pesetas.

— Pensez donc ! Je vais être obligé de passer la nuit à Budia. Nous arriverons trop tard pour que je songe à revenir. Je ne veux pas rouler dans un ravin.

— C'est quand même trop cher.

Le Maire intervient et l'homme baisse peu à peu ses prétentions jusqu'à soixante pesetas.

Le voyageur quitte *La Puerta* par la vallée de l'*Acorbaillo*. Il est allongé dans la voiture, presque couché, et protégé du soleil par une couverture qui sert de bâche et qui donne une chaleur asphyxiante. Le voyageur parle avec le conducteur qui est assis, les jambes pendantes au dehors. La bête est un mulet de labour. On voit qu'il n'est pas habitué à tirer une voiture. Il passe dans le fossé dès que l'homme a un moment de distraction et il rue quand le fouet claque pour le faire avancer.

— A Budia, vous trouverez tout ce que vous voudrez. Nos villages sont très pauvres. Ici, la terre ne peut suffire qu'aux habitants et n'allez pas croire qu'il y ait du superflu. Budia, au contraire, est très riche. Là-bas, tout le monde se tire plus ou moins d'affaire.

— Et à Cereceda ?

— C'est comme chez nous. Cereceda est aussi très pauvre. Il se trouve derrière ces montagnes.

Depuis *La Puerta*, le chemin suit la rive gauche du Solana. A la hauteur de Cereceda, qui est derrière la *Peña del Tornero*, la route traverse un petit pont et continue parallèlement au ruisseau jusqu'à l'endroit où il se jette dans le Tage. Elle laisse Mantiel au sud, elle passe à une lieue de Cereceda, et de *Chillaron del Rey*, à deux lieues d'Alique et de Hontanillas, qui sont desservis par des sentiers aux courbes prononcées. Le voyageur qui suit les gorges du Solana ne voit aucun de ces villages. Pendant ce temps, il fume une cigarette en compagnie du conducteur, il apprend que les gens de Cereceda sont surnommés *Gros Mollets* comme ceux de *La Puerta*. Ceux de Mantiel *Miséreux* ou *Ecorcheurs*. Ceux de Chillaron *Teigneux*. Ceux d'Alique *Tricheurs* et ceux de Hontanillas *Augiers,* parce que pour ne pas salir leurs plats et leurs assiettes ils mangent dans l'auge à cochon.

Tout ceci donne à penser au voyageur que, sa musette étant vide, il est plus prudent de ne pas entreprendre l'ascension des montagnes à la recherche de ces villages.

— Et ceux de Budia ?

— Ils n'ont pas de surnom. Nous les appelons *Budieros.*

Le chemin est bordé de buissons épineux, d'églantiers et de fleurs de térébinthe. Au sud, apparaît maintenant le mont Aleja et, au nord, l'étendue de terres appelée *La Nava*. Peu après, les voyageurs traversent le Tage et suivent sa rive pendant une demi-heure. C'est alors qu'ils rencontrent une route qui mène à Duron et à Budia, plus loin à Brihuega et qui aboutit, plus loin encore, à la grande route de Saragosse. Le chemin qui mène à Sacedon suit le bord du Tage, avec une dérivation vers Pareja, le long du ruisseau Empolveda.

Le voyageur est descendu de voiture pour se dégourdir les jambes. En traversant Duron, qui est à gauche, un peu à l'écart, la nuit commence à tomber.

*Par le mont Trascastillo
Un homme arrive à Duron.*

*En son cœur résonne l'écho
De longues pérégrinations.*

*Il chemine avec brio
Laissant divaguer sa raison.*

*On l'appelle Camilo
Et son village est Padron.*

*Il porte son sac sur le dos,
En remorque ses illusions.*

*Par le mont Trascastillo
Un homme arrive à Duron.*

Quelques maisons bordent la route. Devant les portes, des hommes et des femmes se reposent, entourés d'une nuée d'enfants. Au pas du *Tirador* — une gorge très étroite entre les monts *Trascastillo* à gauche et *Castillo de Maraña* à droite —, la marche du voyageur est arrêtée par quatre ou cinq éclairs qui illuminent les montagnes et claquent aux oreilles comme des coups de fouet. Le tonnerre gronde et un ouragan d'air chaud oblige les deux hommes à maintenir la voiture pour l'empêcher de verser. Le mulet, qui s'appelle *Morico,* s'affole, hennit, rue à tort et à travers et recule. Le conducteur le retient à coups de bâton et d'insultes. Une pluie torrentielle commence à tomber ; les deux hommes s'abritent sous la voiture qu'ils ont poussée à l'écart, dans le fossé, et s'enveloppent de leurs couvertures.

Quand l'éclaircie se produit la nuit est complète. Le ciel est nettoyé, sans un nuage. Le mulet est trempé et brille sous la lune comme s'il avait été frotté avec de l'huile. Il est tranquille, reposé, il vient d'être rafraîchi.

Le voyageur n'arrive pas à Budia avant minuit. Sur la place, on le regarde comme une bête curieuse. Budia est une petite ville où les gens se couchent tard, où les garçons restent jouer aux dominos dans les tavernes, sans se préoccuper de l'heure.

Le voyageur entre à l'auberge suivi de son conducteur qu'il a invité à dîner ; mais l'homme a refusé.

— Ne vous dérangez pas. J'ai porté ce qu'il me faut.

Il amène son mulet à l'écurie, lui donne un seau d'eau et un picotin, sort son casse-croûte d'un ballot, mange et s'étend sous le porche, emmitouflé dans sa couverture mouillée, en attendant le lever du soleil.

A l'auberge, le voyageur n'a guère de succès.

— Pouvez-vous me donner à dîner ?

— Je n'ai rien. Pourquoi n'achetez-vous pas ce que vous voulez ?

A cette heure-ci, le voyageur pense qu'il ne trouvera pas grand-chose.

— Bien. Je vais essayer de dénicher des œufs et du lait.

La patronne l'examine des pieds à la tête. Le voyageur ne doit pas lui inspirer confiance, car elle lui dit :

— Je ne peux pas vous faire dîner. Ici, maintenant, nous ne tenons plus d'auberge.

Le voyageur s'en va la queue entre les jambes et la mine allongée, en pensant au Maire de Cork [1]. A la porte, il se trouve nez à nez avec Martin, le représentant de commerce qu'il a rencontré à Trillo.

— Je pensais que vous échoueriez ici ; mais il me semblait qu'il était déjà trop tard et que vous n'arriveriez pas.

— Me voici cependant. Dites-moi, ne connaissez-vous personne qui pourrait me faire dîner, même médiocrement ?

— Ne vous inquiétez pas. Venez avec moi.

Martin, qui est vraiment bon à tout, emmène le voyageur à une taverne, discute avec la patronne et revient, un sourire de triomphe sur les lèvres.

— C'est arrangé. Je vous tiendrai compagnie pendant que vous dînerez.

On met le couvert et le voyageur comprend qu'à Trillo, Martin s'est renseigné sur son compte, car il parle du nouveau venu à un jeune gandin qui porte un nœud papillon. Le jeune homme écoute attentivement et fait de la tête des gestes d'approbation. Ensuite, il se tourne vers le voyageur et lui dit :

— Maintenant, je sais ce que vous allez faire : ce livre à couverture bleue, orné d'un écusson, et qui

---

1. Maire de la ville de Cork, en Irlande, qui fit la grève de la faim, en manière de protestation contre l'Angleterre.

donne la liste de tous les maires et de tous les commerçants de la province !... Eh ! bien, je vous assure que c'est loin d'être une bêtise !

Le voyageur remercie d'un sourire l'aimable gandin. Quand il a dîné, il offre un petit verre à Martin. Martin prend de l'anis et le voyageur du cognac.

Ils reviennent à l'auberge et, à la porte, Martin pose ses conditions :

— Vous ne parlerez pas du dîner, hein ?

— C'est entendu.

Martin cause avec la patronne et la patronne regarde le voyageur. Il s'en va, revient un instant après :

— Votre lit est prêt... Elle va vous le dire.

Quand il est couché, le voyageur ne peut croire à son bonheur. Il fume une cigarette, éteint l'électricité, se retourne et ferme les yeux pour dormir.

Pendant ce temps, Martin, étendu dans le lit voisin, lui recommande :

— Si vous allez à Campo de Criptana, demandez un certain Herrerillo. Dites-lui que vous venez de ma part, de la part de Martin, du Gouvernement Militaire de Madrid. Il saura ce que cela signifie.

La pièce est hermétiquement close, comme une boîte, sans aucune aération, sans même une imposte. Le voyageur ne se réveille pas avant dix heures du matin. Martin est déjà levé, mais il apparaît bientôt.

— Je suis revenu de temps en temps pour voir si vous dormiez toujours. Moi, je me suis occupé de mes petites affaires commerciales.

Il reprend son souffle et continue.

— Eh ! bien ? vous êtes reposé ?

— Tout à fait. Je me sens comme neuf. Cette nuit, j'étais un peu éreinté.

— N'y pensez plus. A quoi bon puisque c'est passé !

Martin, sans aucun doute, est un stoïque.

Le voyageur sort avec Martin et parcourt la ville. La place ressemble à celle d'un village maure. La façade de la Mairie, blanchie à la chaux, est surmontée d'une charmante galerie en arcades. Huit ou dix mules, sans aucun harnachement, arrivent au trot, suivies par un grand garçon en blouse noire. Elles boivent un long moment, à l'abreuvoir, ensuite elles se roulent dans la poussière, les quatre fers en l'air. Un vieil homme est assis au soleil, sous les portiques.

Budia est une petite ville assez étendue, avec des maisons anciennes et un passé probablement splendide. Les rues ont des noms nobles, sonores — rue *Real,* rue de *Boteros,* rue de la *Estepa,* rue de l'*Hastial,* du *Bronce,* de la *Lechuga,* de l'*Hospital* — et les vieux palais moribonds portent encore avec une certaine dignité leurs pierres héraldiques, leurs grands portails massifs, leurs immenses, leurs tristes fenêtres fermées.

Le voyageur va chez le médecin à qui il veut rendre visite. Le médecin habite sur la place, une maison à deux étages, propre, ordonnée, garnie de bons meubles et de gravures françaises. Le fils de ce médecin de Budia est un ami du voyageur. Une servante en noir, encore jeune, ouvre la porte.

— Je vais appeler Monsieur. Il sera très content d'avoir des nouvelles de Monsieur Alfredo.

Le médecin ne se fait pas attendre. Il s'appelle don Sévérino. C'est un vieillard jovial, disert, sympathique. Il prie le voyageur d'entrer et lui offre des galettes et du Jerez : une boîte profonde, sans fin, pleine de galettes ; une bouteille de Jerez.

— Quand ce sera fini, nous en redemanderons.

Le médecin et le voyageur parlent de la ville. Le médecin a publié un livre intitulé : *Notes pour une étude médico-topographique du Municipe de Budia, par Don Sévérino Dominguez Alonso, médecin exerçant dans cette ville*. Le livre a été imprimé à Guadalajara en 1907 chez Antero Concha, place de *San Esteban*, n° 2.

Le voyageur feuillette le livre et il y apprend que Budia est située au flanc de la colline de *Cuesta Cabeza* et que les deux montagnes voisines appelées *Propios* lui fournissent du bois de chauffage et lui servent de pâturages. Budia est bien pourvue d'eau, mais peut-être pas autant que Cifuentès. L'eau de la Fontaine de la *Tobilla* combat les affections de l'estomac. La Fontaine *Nueva* est bonne à boire, mais pour cuire les légumes la meilleure est celle du ruisseau de la *Soledad*. Celle du *Cuerno,* bien que supérieure, s'emploie pour l'irrigation, parce qu'elle est difficile à canaliser et que l'amener en ville coûterait très cher.

Don Sévérino offre au voyageur un bon tabac havanais.

— L'estomac est le baromètre de l'ordre social.
— Certainement.
— Autrefois, les ouvriers journaliers partaient pour se placer une fois par an. Ils revenaient bien nourris, avec chacun cent pesetas d'économie. En ce temps-là — ajoute don Séverino, avec une expression de regret — ils mangeaient comme des Anglais.

Le voyageur est enchanté. Il apprécie le Jerez, les galettes et le tabac.

— Ici les gens du pays boivent de l'eau-de-vie à jeun. Ils disent que c'est bon pour tuer les vers.

Un grand chat noir, au poil brillant, se glisse par la fenêtre ouverte de la salle à manger.

— Ils usent du café comme médicament.

Le voyageur serait volontiers resté à la table de don Séverino toute la vie.

— Dans la région, il existe plus de soixante espèces différentes de plantes aromatiques. C'est peut-être la cause de la qualité du miel.

— Certainement...

Un dangereux engourdissement gagne le voyageur. Il se sent trop bien dans le fauteuil-berceur du médecin de Budia. Il part vers midi et, dans la rue, il éprouve l'envie de reprendre immédiatement la clef des champs. Le soleil tombe verticalement sur la place. A peine aperçoit-on une petite ombre sous le surplomb des toits. Une vieille femme tricote, assise au soleil sur une chaise basse, et, à côté d'elle, un tout petit enfant s'amuse avec la terre.

*Un vieillard gratte
Sa panse au soleil*

          Le Maire et le vin
          Sur le même chemin.

*Un mulet dévore
Une fleur vermeille*

          Le Maire est albinos,
          Dit un Budiero.

*Un chien renifle
L'odeur de l'écuelle*

          Un frère théatin
          Et don Sévérin.

*Au four le pain craque à la chaleur
Pour le seigneur.*

          Un jeune pigeon
          Tombe d'un balcon.

Un mendiant traverse la place. C'est un adolescent, idiot et borgne. Il avance avec lenteur, rigide, hiératique, entouré d'une vingtaine de jeunes garçons qui le regardent en silence. L'idiot porte à la tête une plaie saignante et toute son attitude exprime une tristesse profonde, une tristesse exceptionnelle. Il marche en traînant les pieds, appuyé sur une canne, le dos courbé et la poitrine creuse. D'une voix criarde, grêle, qui donne le frisson, l'idiot chante :

*Jésus, ma vie,
Jésus, mon amour,
Ouvre-moi la blessure
De ton cœur.*

Une femme, un enfant sur le dos, apparaît au seuil de sa porte.

— C'est dommage que tu ne sois pas encore crevé, sale bête !

8. *Du ruisseau de la Soledad au ruisseau Empolveda*

Le voyageur quitte Budia avant le déjeuner, en suivant le ruisseau de Lapelos qui se jette dans le Tage. Il avait pensé revenir à Duron par la route qui l'avait amené à Budia ; mais il a changé d'avis et pour atteindre l'*Olivar* il prend, à travers la montagne, des sentiers, dont quelques-uns sont à demi effacés. Ensuite, il a l'intention de descendre à Duron et de rejoindre la route.

L'*Olivar* est à une demi-lieue de Budia, au sommet de la montagne. C'est un village misérable, dans un pays de loups, et entouré de ravins.

Un berger garde son troupeau dans les gorges d'un ruisseau. C'est un homme d'une cinquantaine d'années, à l'air rude, à la peau tannée, qui d'abord parle peu et qui s'anime ensuite. Il s'appelle Roquè et il a tué une fouine à coups de bâton, une fouine qu'il montre au voyageur.

— Combien m'en donnez-vous ?

— Demandez.
— Non, je ne demande rien.
Et il jette la fouine par terre.
— Si vous voulez l'emporter, vous me donnerez quelque chose.
— Dix pesetas ?
Le berger ouvre des yeux étonnés.
— Envoyez.
Le voyageur sort dix pesetas de son portefeuille, les tend au berger et touche la fouine du pied.
— Maintenant, elle est à moi.
— Attendez, que je l'écorche. Sinon, elle va très vite sentir mauvais.
En un clin d'œil, le berger dépouille la bête avec maestria. Puis, dans la chair à vif, en pleine poitrine, il donne trois ou quatre coups de couteau et jette les morceaux aux chiens qui les dévorent avidement sans s'arrêter de grogner une seule minute.
Le voyageur, qui s'est approvisionné à Budia, ouvre sa musette et se dispose à manger.
— Cette eau est bonne à boire ?
— Je n'en suis pas encore mort.
Le voyageur ouvre une boîte de viande marinée et l'offre au berger.
— J'ai déjà mangé.
— N'importe.
— Bien.
Le berger mange tout et boit même l'huile de la marinade. Le voyageur ouvre une autre boîte. Il se trompait en pensant qu'elle suffirait pour deux. Entre

autres indications, celle-ci figurait à l'extérieur : « Poids net, 750 grammes. » Pour terminer, le voyageur boit une écuelle de lait que lui offre le berger.

— Nous avons toujours pour nous fournir du lait une brebis qui a perdu ses petits.

Au-dessus des gorges où coule le ruisseau se trouve un balcon naturel avec vue sur le Tage. Le voyageur et le berger y montent et, pendant ce temps, les brebis restent seules, en compagnie des chiens.

— Aucune ne se perdra. N'ayez pas peur : le chef du troupeau les garde.

Pendant la montée, les compagnons échangent un morceau de viande boucanée contre deux oranges. Ensuite, ils boivent un coup à la gourde du voyageur.

— Une jolie vue.

— C'est ce qu'on dit. Seriez-vous, par hasard, de Guadalajara ?

— Non, pourquoi ?

— Pour rien. Tous ceux de Guadalajara, quand ils montent ici, font la même réflexion.

Le voyageur, comme s'il n'avait pas entendu, parle des terres qui sont au bord du fleuve et de leur fertilité.

— Oui, Monsieur, oui, ces terres sont bonnes ! Je le crois ! Ici, savez-vous, c'est la *sierra* qui est pauvre. Dès qu'on descend dans la plaine, on trouve un terrain gai, accueillant, qui a un bon rendement.

— Et on le cultive bien ?

— Oui, Monsieur, aussi bien qu'ailleurs, pour ne pas dire mieux.

Le voyageur, pendant la descente, bavarde et fume une cigarette avec le berger. Il aperçoit au loin un enfant, l'air sauvage, la chevelure tombant jusqu'à la nuque et la poitrine au vent. L'enfant est immobile, debout sur une pierre, à quelque cent mètres de distance. Le voyageur l'appelle, il ne bouge pas et ne répond pas. Le berger conseille au voyageur de le laisser tranquille.

— Ne faites pas attention à lui. Je le connais bien. Il est de l'*Olivar* et il s'appelle Saturnino. Il rôde toujours par ici pour voir s'il trouve quelque chose à chasser. C'est un petit filou, un vilain petit moineau, il ne manque pas de bagout. Moi, l'an passé, j'ai failli l'assommer à coups de pierre. Deux agneaux de lait me manquaient et je suis persuadé que c'est lui qui me les avait pris.

— Et il est toujours dans la montagne ?

— Oui, Monsieur, toujours. Comme une fouine. Il a même le poil d'une fouine. Mais je prétends qu'au régiment on saura le dresser. Du moins s'il est inscrit à l'Etat Civil et au recrutement. Qui sait ? il n'est peut-être même pas inscrit !

De retour à la bergerie, le voyageur prend congé de son ami Roquè et part pour Duron. Le village ne se voit qu'au moment où l'on y est. Le voyageur a fait un léger détour par le mont *Trascastillo*. Sur une de ses pentes se trouve le Pas du *Tirador* que le voyageur a traversé la veille, à la nuit, en allant à Budia. Le versant est très escarpé, presque à pic. A un certain endroit, il semble qu'on pourrait sauter par-dessus le vide jusqu'au mont *Castillo de Maraña*. La descente doit être faite calmement pour ne pas glisser et se rompre les côtes ; le voyageur à mi-chemin s'assoit et se repose un instant. Au Pas du *Tirador*, parallèlement à la route, court le ruisseau de la Soledad entouré de petites prairies presque entièrement couvertes de bouquets d'arbres. C'est un paysage bucolique qui semble sortir d'une tapisserie.

Duron est un village en trois parties : deux au versant de la montagne et une autre moins importante au bord du chemin sur lequel le voyageur est passé la veille. Elle est entourée de terres maraîchères.

Comme la veille, le voyageur remarque, aux portes, le même groupe d'hommes et de femmes, la même nuée d'enfants turbulents. Les habitants de Duron sont ouverts et sympathiques, ils traitent bien les passants. Ils témoignent au voyageur de la curiosité et même de l'amabilité. C'est amusant d'observer la différence entre les gens, bien que très proches les uns des autres, par exemple les *Budieros* avec les *Duronès*. A Duron, ils parlent, ils rient, ils tâchent d'aider leur prochain.

— Si vous allez à Pareja, ne manquez pas de monter jusqu'à Casasana. C'est mon pays.

Celle qui parle ainsi est une jeune femme, mère d'un petit garçon de deux ans. L'enfant essaye de grimper sur une charrette qui est garée à côté, dans le fossé ; il tombe, pleurniche, recommence à grimper, retombe encore et, explique-t-on au voyageur, passe ainsi l'après-midi entière. De temps en temps, sa mère lui donne une légère tape sur les fesses et l'enfant pleure un peu plus fort. Il fait un petit tour en criant, entre les grandes personnes et, comme c'est naturel, grimpe de nouveau à la charrette.

— Ma mère tient l'auberge. Dites-lui que vous m'avez vue, que je vais bien, que nous allons tous bien. Mon frère est Conseiller municipal de Casasana. Il s'appelle Fabian. Fabian Gabarda. Notez-le, ne l'oubliez pas.

Quatre ou cinq peupliers, fins comme des elfes, se balancent à la brise du crépuscule.

Un vieil homme à moitié édenté, avec des lunettes, un béret et une houlette, une barbe de six jours et un veston de drap jeté sur les épaules, à la mode des toreros, interpelle le voyageur.

— Ainsi, jeune homme, vous habitez Madrid ?
— Oui, Monsieur.
— Connaissez-vous Ramiro, qui est à l'Institut d'Ophtalmologie ?
— Non, Monsieur.
— Et Julian ?
— Non, Julian je ne le connais pas non plus.

Le vieux aux lunettes regarde le voyageur d'un air soupçonneux et semble se dire : « Non, celui-ci ne vient pas de Madrid. Dieu sait d'où il vient ! S'il venait de Madrid il connaîtrait Ramiro et Julian. Tout le monde les connaît. »

Il baisse les yeux et frappe les pierres à petits coups avec son bâton. Puis il relève la tête et parle encore.

— J'ai été à Madrid la dernière année de la guerre pour me faire opérer de la cataracte. Comme je ne pouvais y aller seul, mon fils Paco m'accompagnait. En ce moment, il est aux champs. Si vous attendez un peu, vous pourrez faire sa connaissance. Je ne crois pas qu'il tarde beaucoup. Maintenant, moi je ne vais plus aux champs, je ne suis bon à rien. J'y suis allé pendant quarante ans sans manquer un seul jour jusqu'à ce que je n'en puisse plus.

Le vieillard sourit.

— Le temps a raison de tout, vous voyez. Quand je suis devenu un inutile, mon fils Paco n'avait pas encore douze ans accomplis. Je lui ai donné mes instruments et je lui ai dit : « Tiens, voilà les outils. Tu sais où est le champ. » C'est un bon fils et depuis ce jour il fait face à tout. Nous sommes seuls lui et moi, voyez-vous. Sa mère est morte en le mettant au monde. Et il vaut mieux que Paco travaille ce qui lui appartient. Du moins, je le crois.

Le voyageur boit une écuelle de lait de brebis que lui a offert une des femmes. Puis il dit adieu à tout le monde et s'en va. La route est faite pour marcher et si on se laisse aller à s'asseoir au bord du chemin, à parler avec les uns et les autres, on finit par prendre de mauvaises habitudes.

Peu de temps après avoir quitté Duron, avant de rencontrer la route qui conduit au Tage, le voyageur est surpris par la nuit. L'obscurité arrive vite, et même précipitamment.

A l'embranchement, deux Gardes Civils demandent les papiers.

— Où allez-vous donc à pied, à cette heure-ci ?

— Je voulais aller jusqu'à Pareja.

— Jusqu'à Pareja ? Vous passerez la nuit en chemin. Vous avez plus de trois lieues, près de quatre. Vous pouvez continuer ! Vos papiers sont en règle...

Le voyageur et les Gardes Civils marchent ensemble pendant une heure, jusqu'au pont.

— Nous restons ici. Pour Pareja, c'est tout droit. Au premier carrefour tournez à droite et au second, prenez à gauche.

— Merci beaucoup.

— Il n'y a pas de quoi.

Les trois hommes s'assoient pour fumer une cigarette. Les Gardes sont sympathiques. L'un est vieux, moustachu, il a le type d'un Garde du temps de Garcia Prieto et il fait des plaisanteries très crues, d'une grossièreté démodée. L'autre est jeune, presque imberbe, pondéré, sérieux, silencieux. Sous l'éclairage lunaire, le groupe a probablement une allure étrange et fantomatique.

— Ce que je dis vous déplais, Torremocha ? Dans ce cas, je me tais.

Le ton du Garde Civil moustachu laisse percer une légère ironie.

— Non, Monsieur Perez, continuez.

Monsieur Perez se croit obligé d'expliquer :

— C'est que, voyez-vous, pendant la Glorieuse Révolution Nationale, notre ami Torremocha a changé de vocation. Il a abandonné le service des saints pour celui des armes et, quant à moi, je pense qu'il est resté le cul entre deux selles.

Le Garde Torremocha ne dit rien, mais son silence est loin d'être une approbation.

— Lisiez-vous autrefois le *Muchas Gracias* ?
— Quelquefois.
— Ça, c'était une revue ! Quels polémistes ! Ils avaient de ces trouvailles ! Et la *Cronica* ?
— Je la lisais aussi, de temps en temps.
— Moi, j'étais alors en garnison à Carabanchel. Dès que je n'étais pas de service, allez donc ! je me planquais à Madrid et je me précipitais tête baissée au théâtre de l'Eslava ou chez Martin ! Maintenant, je ne suis qu'un vieux débris !

Le garde Pérez lisse sa moustache et tire sur sa cigarette. Sur les routes d'Alcarria, le mousqueton en bandoulière, le garde Pérez vérifie les papiers des passants, mais c'est un homme qui vit de souvenirs.

Un kilomètre et demi ou deux kilomètres plus loin, au croisement qui mène à *Chillaron del Rey,* le voyageur déplie sa couverture et s'installe pour dormir, près de la route, au pied d'une aubépine. Il ne fait pas froid du tout. La nuit est calme, étoilée. D'un olivier parvient le hululement d'une chouette et un grillon chante entre des chardons. Le voyageur, qui est fatigué, s'endort vite d'un sommeil tranquille, profond, réparateur...

Quand il se réveille il fait encore nuit. Il boit une gorgée de vin, mange deux oranges et une tranche de pain et reprend la marche, avec plus d'entrain que jamais, sans penser à son sac, à ses jambes et à la longueur du chemin.

La première clarté de l'aurore le surprend en vue de Pareja, dans une bonne vallée bien cultivée, à la terre rouge, argileuse, pleine de légumes, d'arbres fruitiers au milieu desquels s'aperçoivent de distance en distance, quelque briquetterie et des ouvriers qui déjà travaillent avec acharnement.

Pareja est un gros bourg industriel qui a des maisons neuves à côté d'autres en ruines et un hôtel sur la place principale. La place est grande et carrée, elle a, au centre, une fontaine à plusieurs jets, entourée d'un bassin, et un orme peut-être aussi vieux que la plus vieille pierre de la ville. Un de ces ormes ronds, touffus que les campagnards classent dans le genre féminin à cause de ses formes maternelles.

Sur la place de Pareja,
Un vieil orme et une fontaine.

Dans le ciel de Pareja,
Une cigogne à tire-d'aile.

Autour de la fontaine les femmes attendent pour remplir leurs jarres et leurs cruches. Elles les portent sur la hanche et une canne de roseau creux sur l'épaule. Cette canne leur sert de tuyau pour recueillir l'eau qui tombe de la fontaine à vingt centimètres du bord. Les femmes de Pareja sont d'une adresse extraordinaire pour capter — ou mieux pêcher — l'eau sans en perdre une seule goutte.

Le voyageur entre dans l'hôtel. Il désire prendre

quelque chose de chaud, se laver, s'asseoir et se reposer un moment. Les fauteuils à bascule de l'hôtel sont attirants et les deux patronnes, des jeunes filles colorées, rondelettes, sont sympathiques. Elles rient pendant qu'elles travaillent et s'empressent à droite et à gauche, portant de la vaisselle, vidant un pot de chambre, nettoyant les meubles, faisant un lit, frottant le parquet, tout en même temps, tout en désordre, tout avec gaieté. L'une s'appelle Elena et l'autre Maria. Pendant que le voyageur observe Elena et Maria, il remarque qu'un doux optimisme et une douce torpeur l'envahissent. Le petit déjeuner était réellement très bon. Les moineaux pépient dans l'orme de la place ; près de la fenêtre grande ouverte et fleurie de géraniums, un canari jaune chante dans sa cage, les petites plumes de sa gorge toutes hérissées. Au centre de la salle, un chat dort au soleil à l'extrémité d'une natte et, au balcon, un petit enfant fait pipi fièrement, d'un air de défi.

Dans la pièce voisine, on aperçoit par la porte ouverte un jeune garçon rachitique et gesticulant, un jeune garçon épileptique et à demi toqué, qui est assis sur une chaise basse, ses jambes, presque inertes, enveloppées dans une couverture. Le voyageur éprouve soudain un remords de conscience.

Entre un nuage de poussière et une bande de gamins, un autobus fait irruption sur la place, un autobus affaibli, haletant, sautillant, qui s'arrête quelques minutes pour laisser les voyageurs descendre et s'en va par la route d'Escamilla en faisant un tapage infernal. Un moment après, alors qu'il doit être déjà très loin, on entend encore son moteur boiteux, quand les moineaux de l'orme se taisent un instant.

Un vieux bonhomme arrive sur la place en agitant une sonnette. Tout le monde fait cercle autour de lui et il monte sur des pierres. Il porte des papiers dans la main gauche, il brandit la main droite et gesticule comme un agitateur politique. Le voyageur qui est confortablement étendu dans son fauteuil-berceur ne veut pas se lever pour écouter. Il se contente d'attraper au vol, de temps en temps, des bribes de phrases. Le jeune garçon chétif, qui doit cependant être excédé de son immobilité sur une chaise, ne peut en bouger. Il est obligé de se faire une raison, mais il regarde du côté de la place avec une expression d'envie, stupide et bestiale.

Le vieux bonhomme, qui est coiffé d'un bonnet de velours vert et porte une barbiche blanche, annonce à grands cris sa marchandise, d'une voix de chat, ou de femme, et il s'égosille pour se faire mieux entendre. Petit, voûté, il a une tête de juif. Le voyageur recueille des phrases entrecoupées.

« La prière de la Vierge du Carmel » et « *Le Sépulcre* ou *Ce que peut l'amour* ! Le joli tango du brigadier Villacampa et les chansons de la *Parrala* et de la *Pelona* ! Les poésies composées par un condamné à mort appelé Vicente Perez, cornette à La Havane, pendant la nuit qui a précédé son exécution, à Séville ! *En apprenant que tu reviens, je sens renaître mon amour* ! la dernière création de la Celia Gamez. Les atrocités de Margarita Cisneros, jeune fille native de Tamaritè ! A cinq centimes ! Achetez une jolie chanson à la mode ! A cinq centimes ! »

Le garçon anormal fait des gestes pour attirer l'attention du voyageur, qui lui dit : « Que veux-tu ? » mais le voyageur ne comprend pas ce qu'il désire, parce qu'il sait à peine parler.

Quand le voyageur arrive près de sa chaise, le jeune homme lui demande en bégayant et d'un air très inquiet :

— Dites ! ce type est-il d'ici ?

— Non, mon garçon, ce type n'est pas d'ici. Il est de Priego.

— C'est ce qu'il me semblait. Je ne l'avais jamais vu.

Une cigogne passe sur l'orme, en volant très bas.

— Dites ! Voulez-vous me donner une cigarette ?

— Tiens, prends-la.

— Dites ! si mes sœurs viennent et si elles voient de la fumée, vous direz que c'est vous ?

— Entendu.

La cigogne porte une petite couleuvre d'eau dans le bec ; elle disparaît au-dessus des maisons.

Les gens de Pareja ont des idées. Un riche, deux ou trois années auparavant, voulut semer des haricots à la place d'orge. Il fit passer une annonce disant qu'il paierait tous ceux qui voudraient travailler pour lui à planter des haricots, vingt-cinq centimes le pied. Chaque sillon comprend six pieds. Il offrit aussi un centime par pied pour enlever les mauvaises herbes avec la bêche. Quand arriva la récolte et qu'il fit ses comptes, il s'aperçut qu'il avait dépensé trente mille pesetas et que les haricots lui en avaient rapporté mille.

La cigogne repasse au-dessus de l'orme en sens contraire.

Au déjeuner, le voyageur mange avec appétit et très copieusement. Elena et Maria sont deux bonnes maîtresses de maison. Elles servent au voyageur une soupe à l'ail avec deux œufs pochés, du colin frit, qui n'est pas de la première fraîcheur, et un gigot d'agneau accompagné d'une salade de tomates et de laitue.

Ensuite le voyageur fait un brin de causette avec Elena et Maria. Elena et Maria sont deux filles travailleuses, honnêtes, saines de corps et d'âme, gaies et complaisantes, très jolies. A Pareja, toutes les femmes sont très jolies. Elena et Maria sont certainement de bons partis, même pour les plus difficiles. Elena aime faire la cuisine, Maria préfère s'occuper des enfants. Elena aime les hommes bruns et Maria les blonds. Elena aime les bals sur la place et Maria les promenades à la campagne. Elena aime les chiens et Maria les chats. Elena aime le mouton rôti et Maria l'omelette à la française. Elena aime le café et Maria ne l'aime pas. Elena aime aller à la Grand-Messe et Maria n'aime pas y aller. Elena aime lire le journal et Maria ne le lit pas. Maria préfère les romans qui racontent qu'une jeune paysanne très belle épouse un jeune duc très beau, qu'ils ont beaucoup d'enfants, qu'ils vivent heureux, qu'ils allument l'hiver des feux dans la cheminée et que, l'été, ils ouvrent les fenêtres toutes grandes.

Le voyageur en écoutant parler Elena et Maria pense avec délices à la polygamie. La température est agréable. Il a l'estomac satisfait, plein de nobles et antiques nourritures, d'aliments historiques et vétustes comme des champs de bataille. S'il ne s'était promis — et il ne peut et ne veut pour rien au monde changer son fusil d'épaule — de ne jamais dormir deux nuits de suite dans le même endroit, le voyageur se serait installé à Pareja, à l'hôtel de la place, et n'en aurait pas bougé un seul jour de sa vie. Certaines sensations de bien-être sont redoutables et capables de réduire des montagnes en poussière. Il faut lutter courageusement contre elles, comme on lutte contre un ennemi. Ensuite, quand le temps s'est écoulé, il en reste une goutte d'amertume au fond du cœur...

Le voyageur est si heureux qu'il finit par s'endormir dans son fauteuil. Elena et Maria, qui sont discrètes, l'ont laissé seul ; mais le voyageur, dans un demi-sommeil, devine qu'elles parlent — Elena avec sa voix de petit garçon, Maria avec sa voix de petite fille — de leurs goûts, de leurs menues préoccupations, de la cherté de toutes choses.

Quand il se réveille, le soleil se couche et les premières ombres s'étendent sur l'orme de la place. Le voyageur a dû dormir plusieurs heures. Il ressent un léger frisson, se lève et ferme la fenêtre. Puis il se rassoit et fume une cigarette. Personne ne vient, la pièce est presque obscure. Il se lève de nouveau, bat deux fois des mains, et la porte de la cuisine s'ouvre qui illumine toute la cage d'escalier, pendant qu'une voix crie : « On vient ! » C'est Elena qui a crié et c'est Maria qui accourt.

— Vous avez appelé ?

— Oui, ma fille. Où est l'interrupteur électrique ?

— Il est ici, mais... Nous n'avons pas d'ampoule dans cette pièce.

Le voyageur se tait et Maria aussi. Maria a dit avec une immense tristesse que cette pièce était sans ampoule. Sa voix tremblait même un peu. Le voyageur sourit et Maria s'en retourne à la cuisine. Le voyageur hésite un moment. Quand il entre dans la cuisine, il trouve Maria baignée de larmes, effondrée sur une banquette près du feu. Elena, qui pèle un oignon, lance au voyageur un regard féroce, inattendu. Ses yeux brillent comme si elle avait la fièvre et son sein palpite violemment.

— Qu'avez-vous dit à ma sœur ?

Sa voix, d'un beau son grave, a maintenant un odieux timbre métallique.

— Moi...

Elena l'interrompt et ne le laisse pas parler.

— Prenez votre sac et allez-vous-en. Aussi vrai qu'il y a un Dieu ! Vous me devez quatorze pesetas.

Le voyageur, tout soucieux, se dirige pour y dormir vers une tuilerie au bord du ruisseau Empolveda. Cette tuilerie est habitée par un homme seul, un homme qui n'y va pas par quatre chemins.

— Venez-vous avec de bonnes intentions ?

— Avec les meilleures intentions du monde, je vous le jure.

— Etes-vous armé ?

— Non, j'ai seulement ce couteau de chasse. Je le porte toujours : c'est un vœu que j'ai fait.

— Gardez-le. Ce couteau ne coupe pas.

— Merci.

— Il n'y a pas de quoi. Nous serons donc amis ?

— C'est ce que je désire.

— Alors, attendez un moment, nous allons boire un coup.

L'homme décroche une outre pendue au mur.

— Buvez.

— Vous d'abord.

— Non, vous le premier. Je suis le maître de la maison.

Le voyageur boit une gorgée de vin qui est âpre, douceâtre, et passe l'outre à son propriétaire.

— Dites donc ? Je n'aime guère questionner plus qu'il n'est nécessaire, mais pourquoi n'êtes-vous pas resté dormir en ville ?

Le voyageur ne sait que répondre et tâche de dissimuler son embarras.

— Eh ! bien, mettez que ce sont des manies... Je suis un peu excédé de villes, de villages et d'hôtels.

L'homme rit.

— Cependant, ici nous avons un très bon hôtel !

— A Pareja ?

— Evidemment. Je ne parle pas de Madrid ! L'hôtel de la place a la réputation d'être très bien tenu.

Le voyageur regarde son interlocuteur.

— Oui. C'est ce qu'on m'a dit.

L'homme rit de nouveau, boit un coup et soupire.

— Et moi, que puis-je vous dire de plus ! C'est bien vrai qu'un amoureux voit tout avec les yeux de l'amour ! Une des jeunes filles de l'hôtel, la Maria — c'est dommage que vous ne la connaissiez pas ! — va se marier avec moi au printemps prochain, si Dieu le permet. Je le désire, parce que dormir ici quand je pourrais être là-bas, à l'hôtel !

A la lumière du *caleil*[1] la figure de l'homme ressemble à celle d'un bienheureux. Son imagination pleine de rêves dorés lui donne l'air d'un bon angelot rustique, buveur de vin et qui aurait trop grandi. Un angelot que la grâce intérieure illumine.

Le voyageur doit faire un effort pour se dominer.

— Je vous souhaite donc d'être heureux tous les deux.

— Merci. C'est ce que j'espère.

---

1. Lampe romaine à huile, encore en usage dans certaines campagnes. *(N. de la Trad.)*

9. *Casasana, Corcolès, Sacédon*

De Pareja, pour aller à Sacédon, il faut prendre la route par laquelle le voyageur est arrivé la veille, mais en sens contraire ; et, au carrefour, un peu avant le confluent du ruisseau Empolveda et du Tage, il faut tourner à gauche vers le sud, vers la route de Guadalajara à Cuenca. Sacédon apparaît immédiatement, dans la direction de Cuenca.

Il est possible d'y aller aussi par l'autre côté, c'est-à-dire par Escamilla et Millana, en tournant le dos au Tage et en traversant les Hauts du *Llana*. En vue d'Alcocer, on doit emprunter la grande route, passer par Corcolès et cheminer vers Guadalajara ; mais cet itinéraire est un peu plus long.

Evidemment, pour aller à Sacédon, personne ne passe jamais par Casasana. De Pareja à Casasana, il n'existe ni route ni chemin vicinal et la montée, qui est très raide, doit se faire par des sentiers de chèvres, quelquefois à demi effacés.

Inutile de dire que le voyageur passe par Casasana. Il veut voir Fabian Gabarda, le frère de la jeune femme qu'il a rencontrée à Duron.

Casasana est un village perché en haut d'une montagne, le *Cerro de la Veleta,* mais légèrement du côté opposé qui est moins escarpé. Pour voir Casasana il faut y être. C'est un village minuscule, avec très peu de terres cultivables mais un important troupeau bovin : plus de huit cents vaches. Dans toute l'Alcarria, c'est à Casasana seulement que le voyageur rencontre des vaches laitières noires et blanches ; des hollandaises, comme à Santander. Elles sont en général un peu maigres, mais de bonne race, ce qui saute aux yeux.

La côte qui conduit à Casasana, la côte de Roblegila, est terrible, pleine de pierres, de rochers et très escarpée.

Le soleil tape dur et le sac de montagne est plus lourd qu'il ne conviendrait. La montée est fatigante et, à mi-chemin, le voyageur, qui est en nage, pense qu'une halte lui ferait du bien et lui permettrait de reprendre des forces.

Un vieux berger, assis au soleil, est enveloppé complètement dans une couverture, jusqu'à la tête. Le voyageur s'approche de lui.

— Bonjour.
— Dieu nous le donne bon et frais.
— Frais ?
— Arrêtez-vous un instant et vous verrez.

De cette hauteur, où Casasana n'apparaît pas encore, la vue est belle, étendue, très variée. Au premier plan, de grands rochers pelés et une petite végétation rase ; au pied, les terres blanches et rouges de Pareja et, dans le lointain, à gauche, les rives verdoyantes du Tage.

Effectivement, il souffle ici un petit vent pénétrant qui est redoutable. Le voyageur frissonne et recommence à marcher. A peine a-t-il gravi la dernière pente qu'il aperçoit Casasana.

*Un pré
Et une oliveraie.
Grené le terrain,
De mille thyms.
Arrêté,
Sur un rocher en piédestal
— Ah ! Casasana,
Montagnarde,
Belle garce ! —
Au milieu du troupeau, là-bas,
Un cheval.*

Casasana a une très jolie couleur, entre vert-de-gris et gris-bleu. Deux petites filles assises par terre, au soleil, surveillent une vache sous le vieux château arabe dont une des façades sert au jeu de pelote. Elles se lèvent sur le passage du voyageur et le regardent fixement avec admiration. Elles sont vêtues pauvrement. Leurs yeux noirs, profonds, sont pleins de charme et de noblesse. Le voyageur leur demande ce qu'il sait déjà.

— Dites-moi, mes petites, ce village est Casasana ?
— Oui, Monsieur. Bien sûr.

Une femme passe.

— S'il vous plaît, Madame, où est le *parador* ?

— Nous n'avons pas de *parador* à Casasana, Monsieur.

La femme, elle aussi, a les yeux et les cheveux noirs et une beauté primitive de vieille gravure, comme toutes les femmes du village.

— J'ai rencontré une jeune femme de Casasana, qui est mariée à Duron et qui m'a dit d'aller voir sa mère. Son frère est Conseiller Municipal.

— Carmen Gabarda ?

— Oui.

— Je vais vous conduire. Sa mère tient l'auberge.

Le voyageur apprend, en Alcarria, à distinguer entre auberge et *parador*. Le *parador* est une auberge qui comporte des écuries. Casasana a une auberge, mais pas de *parador*.

La mère de Carmen Gabarda accueille le voyageur avec une certaine réserve. Les villageois reçoivent bien les passants, mais d'ordinaire assez froidement. Ils se méfient et ils font bien. Quelquefois des individus sont venus leur demander à manger pour l'amour de Dieu, — et un petit sac de haricots, par charité, car leur femme est malade —, ensuite ils ont exhibé une carte de contrôleurs du Fisc et leur ont dressé procès-verbal.

Fabian Gabarda n'est pas chez lui, il est aux champs. Les champs autour de Casasana produisent, entre autres choses, du blé, de l'orge, du seigle, de l'avoine, des haricots, des pois chiches, de tout, mais en faible quantité. Et des olives minuscules et très savoureuses que les gens mangent avec plaisir. Fabian Gabarda qu'on est allé chercher arrive tout de suite. C'est un homme jeune, mince et de petite taille, dur et râblé, qui a des mains comme des tenailles. Il est affable et prévenant, ne boit ni ne fume. Ce qui, pense le voyageur, ne doit pas être très fréquent en Espagne.

Le voyageur fait un peu de toilette dans le vestibule de l'auberge pendant qu'on prépare son repas. A travers un mur il entend chanter les petites filles de l'école. L'Ecole de Casasana est impressionnante de misère, ses vieux bancs sont raccommodés, radoubés, les parois et le plafond pleins de grandes taches d'humidité et le sol est fait de petites pierres instables, mal fixées. Sans doute pour racheter sa pauvreté l'école est d'une grande propreté, d'un ordre parfait et elle est inondée de soleil. Au mur est accroché un crucifix, ainsi qu'une carte d'Espagne en couleur, une de ces cartes où figure en bas, dans un coin, un petit carré qui enferme les îles Canaries, le protectorat du Maroc et les colonies du Rio de Oro et du Golfe de Guinée. Pour représenter tout ceci un coin très petit est réellement bien suffisant. A l'opposé se trouve un drapeau espagnol.

Sur la table de l'institutrice le voyageur aperçoit quelques livres et cahiers ainsi que deux vases de verre grossier d'un ton verdâtre pleins de petites fleurs champêtres jaunes, rouges et lilas. L'institutrice qui accompagne le voyageur et lui fait visiter l'école est une charmante et sympathique jeune fille, qui a une certaine allure de citadine, les lèvres peintes et une jolie petite robe de cretonne. Elle parle de pédagogie et dit que les enfants de Casasana sont sages, appliqués et très intelligents. Dehors une bande de petits garçons et de petites filles, silencieux, regardent l'intérieur de l'école de leurs yeux enfantins qui expriment la stupéfaction. L'institutrice appelle un garçon et une fille.

— Venez, mes enfants ! Montrez à ce Monsieur ce que vous savez. Qui a découvert l'Amérique ?

Le petit n'hésite pas.

— Christophe Colomb.

La maîtresse sourit.

— A toi maintenant. Qui a été la meilleure reine d'Espagne ?

— Isabelle la Catholique.

— Pourquoi ?

— Parce qu'elle a lutté contre la féodalité et contre l'Islam, qu'elle a réalisé l'unité de notre patrie et qu'elle a porté notre religion et notre culture au delà des mers.

L'institutrice explique complaisamment au voyageur :

— C'est ma meilleure élève.

La petite première est très sérieuse, très convaincue de l'importance de son rôle. Le voyageur lui donne un caramel au lait et au café, l'emmène un peu à l'écart et la questionne.

— Comment t'appelles-tu ?

— Rosario Gonzalez, pour servir Dieu et vous servir.

— Bien. Voyons un peu, Rosario. Tu sais ce que c'est que la féodalité ?
— Non, Monsieur.
— Et l'Islam ?
— Non, Monsieur. Nous ne l'avons pas appris.

La petite est au supplice et le voyageur arrête là son interrogatoire.

Le voyageur déjeune tôt, vers onze heures, et s'en va à la taverne, à une des très rares tavernes de Casasana, pour parler avec quelques hommes qui ont interrompu leur travail un moment. Les gens de Casasana sont très laborieux au point qu'on les a surnommés les *accroupis* parce que, murmure-t-on, pour se lever plus tôt et plus vite et s'en aller tout de suite aux champs, ils ne se couchent pas, mais ils dorment accroupis.

Le voyageur cherche un homme et une bête de somme qui puisse emmener ses bagages jusqu'à Sacédon. Après bien des conciliabules et de nombreuses allées et venues, il arrive à s'entendre avec un jeune homme qu'on appelle Félipè le Tailleur. Félipè n'est pas tailleur, pas plus que son père et son grand-père, cependant, Dieu sait pour quelles raisons mystérieuses, il n'est connu que sous ce nom-là. Vers midi, le voyageur, Félipè le Tailleur et l'âne *Lucero* chargé du barda partent de Casasana par le chemin des *Chinarros* qui les amèneront à Corcolès. Fabian Gabarda et trois ou quatre autres amis les accompagnent depuis le village jusqu'à la vallée de Valdeloso.

C'est un jour splendide, légèrement nuageux et pas

très chaud. Aussi le voyageur, débarrassé de son sac et de sa musette, marche aisément et allégrement.

Le chemin des *Chinarros* descend en décrivant des courbes jusqu'à Corcolès et, pendant le trajet, le voyageur parle avec Félipè de la beauté des champs et des récoltes qui s'annoncent très bien cette année.

— Ce n'est pas de trop.

— Certainement.

Félipè est un amoureux de la campagne et de l'agriculture ; il a des idées saines et traditionnelles et il connaît la somme de travail et d'expérience que représentent les produits de la terre.

— Ne trouvez-vous pas que, vue d'ici, cette région ressemble à la Galice ?

Près de Corcolès, la petite troupe longe les ruines couvertes de lierre d'un couvent entouré d'ormes et de noyers. Deux douzaines de brebis noires paissent dans le cloître abandonné. Quatre à six chèvres noires escaladent les murs dégradés qui, par miracle, sont encore debout, et une nuée de corbeaux noirs aussi, comme c'est naturel, dévorent en croassant la charogne d'un âne dont les yeux sont ouverts et le corps gonflé sous le soleil.

> *Vert, est le champ d'anis*
> *Un grand aigle gris*
> *Vole au-dessus du cimetière*
> *Et, sur une rose trémière,*
> *Une vieille s'oublie.*
> *Bleu, est le champ d'anis.*

Le voyageur n'entre pas à Corcolès qui est en face, un peu à l'écart de la route. Le voyageur tourne à gauche dans la direction de Sacédon. Au fur et à mesure de la descente vers la vallée, le soleil commence à chauffer et le voyageur cherche de l'ombre pour s'asseoir et se reposer, boire un coup, manger une bouchée et fumer une cigarette.

Il est entouré de champs d'anis, d'un vert brillant, et d'oliviers encore jeunes, bien soignés, d'un vert cendré. L'agriculture à Corcolès est riche et prospère ; la population est aisée depuis que le Comte d'Arcentalès lui a vendu ses terres, certainement au-dessous de leur valeur. Aujourd'hui, tous les habitants de Corcolès sont propriétaires et vivent de ce qu'ils possèdent. Ils parlent avec un affectueux respect du Comte d'Arcentalès et ils sont contents de leur acquisition.

— Alors, ce monsieur a fait une mauvaise affaire en vendant ?

— Non. Ni bonne, ni mauvaise. Il n'a pas cherché à faire une affaire, mais à favoriser le village. Là où nous avons perdu, c'est qu'il ne vient presque plus ici. Autrefois, il venait tous les ans et il faisait pétrir du pain et tuer de la viande pour tout le monde.

Félipè se plaint de ce que les terres, à Casasana, ne soient pas aussi bonnes.

— Cette terre-ci est différente, plus gaie, plus agréable. Là-bas, nous aurons beau nous échiner, nous serons toujours pauvres. Evidemment, si nous ne nous donnions aucune peine, ce serait pis. Ne croyez-vous pas ?

— Oui.

Félipè est triste, pensif.

— Ils ont eu une fameuse chance !

— Oui, une chance extraordinaire.

Félipè lève les yeux au ciel.

— Eh ! bien, savez-vous ce que je dis ?... Tant mieux pour eux et que Dieu la leur conserve. Je ne suis pas comme bien d'autres. Je ne suis pas envieux.

Des terres maraîchères, des jardins et des vergers, bien cultivés, s'étendent entre la route et le village. Des hommes travaillent, inclinés sur la terre, d'autres se reposent sous l'ombre d'un arbre, à côté de leurs mules dételées.

— Si ces terres m'appartenaient, je ne m'arrêterais jamais. Pas même pour dormir.

Félipè est un garçon énergique. Il a les qualités d'un bon émigrant et peut-être d'un colonisateur.

— Vous êtes originaire de terres riches ou pauvres ?

— Plutôt riches.

— De la région de Valladolid ou de Salamanque ?

— De plus haut. De Galice.

Félipè fait claquer ses doigts.

— Ça c'est une belle région.

— Vous la connaissez ?

— Non, mais j'en ai beaucoup entendu parler. J'ai fait la guerre avec des Galiciens. En connaissez-vous un qui s'appelle Pepito Ferreiro ?

— Non, celui-ci, je ne le connais pas.

— Nous étions de bons amis. Nous étions toujours

ensemble et quand on a tiré sur moi et que j'ai été blessé, il l'a été lui aussi. C'était dans la Sierra de Alcuburrè, dans la province de Saragosse.

— Diable ! Et que pensez-vous des Galiciens ?

— Ce sont de braves gens, très travailleurs et très loyaux. Cependant, comprenez si vous voulez, par ici, en Castille, ils ont mauvaise réputation.

— Qu'y faire ?

— Ce n'est pas pour vous flatter, mais je crois que c'est parce qu'on ne les connaît pas.

— C'est possible.

A mesure que les deux compagnons approchent de Sacédon, les vignobles apparaissent, ainsi que les attelages de bœufs qui tirent la charrue. Des charrettes, traînées par des mules, passent dans tous les sens, et des camions absolument combles. De temps en temps, la Garde Civile les arrête. Les trafiquants de « marché noir » cachent souvent leurs marchandises sous la charge.

Les maisons sont de plus en plus nombreuses et déjà, à une lieue et demie de Sacédon, le voyageur croise des ouvriers qui reviennent des champs. Ils marchent dans le fossé, en file de trois ou quatre, la bêche sur l'épaule, le petit chien derrière, et, quelques-uns, une citrouille dorée en bandoulière ou attachée à la ceinture. Le jour baisse et le transit de la route finit par ressembler à celui d'une grande ville, mais il s'effectue uniquement dans la même direction. Une belle avenue d'ormes et d'ormeaux précède la petite ville. Les ormes sont plus vieux, plus grands et plus pointus. Les ormeaux sont plus jeunes, plus courts et plus touffus.

A Sacédon, le voyageur prend la côte qui mène au cimetière et qui va disparaître bientôt sous les eaux d'un canal qu'on commence à creuser. A gauche, en montant, se trouve une fabrique qu'on nomme *de la Orujera* et qui, par sa haute cheminée, crache de la fumée comme la machine d'un train. Sacédon, qui est entouré de champs de blé d'un vert tendre, paraît un centre important et industriel. L'agglomération assez étendue est dominée par le beau clocher aérien de l'église.

Au fronton, des jeunes gens jouent à la pelote. Un assez grand nombre d'oisifs les regardent sans rien manifester, sauf deux ou trois garçons qui encouragent l'équipe de leurs cris. Les spectateurs se bornent à observer en silence, avec la plus grande attention, et à fumer des cigarettes. Un joueur qu'on a surnommé le *Gaucher,* parce qu'il l'est réellement, est comme toujours le meilleur de tous. Le voyageur, ignorant du jeu, pense que le fait de servir en sens contraire doit beaucoup désorienter les autres joueurs.

> *A la pelote, les garçons*
> *Tapent dur sur le fronton.*
>
> *Un curé et un écrivain,*
> *Assis au soleil, se font la leçon.*
>
> *Des gitans mènent la conversation*
> *A grands cris, sans rime ni raison.*

Quand le voyageur arrive sur la Place, il est presque nuit.

Le soleil — sang de scorpion — s'en va,
Rouge vif, vers la Entrepeña.

Maintenant, les gars de Sacédon
Ont abandonné le fronton.

Le voyageur, sans plus de détours,
Entre tout de go dans le bourg.

Il a grand-faim et ce qu'il cherche
Espère le trouver à l'auberge.

Une bouteille de bon vin,
De la viande et un bout de pain.

Des marchands forains, armés de longs fouets et coiffés de casquettes roses ou mauves, gardent deux douzaines de cochonnets noirs comme du charbon et bruyants comme des nourrissons. Ils ont environ deux mois et sont à peine sevrés. Les marchands les pèsent à la romaine, — trois et même presque quatre font environ vingt-cinq livres — et ils demandent pour le tas de sept cent quarante à sept cent quatre-vingt-dix pesetas, selon qu'il s'agit de mâles ou de femelles. Aussi extraordinaire que cela paraisse, les femelles valent moins cher que les mâles. On a l'habitude d'acheter ces petites bêtes pour les engraisser, les revendre ensuite, les abattre et en faire toutes sortes de provisions et de préparations culinaires. Car il n'existe pas de merveille comparable au porc : en six ou sept mois, avec un peu de chance, il arrive à peser trois cents ou trois cent cinquante livres et à valoir quatre mille pesetas.

*Un forain armé d'un fouet
D'une moustache et d'un bâton*

*Vend au poids des cochonnets
A un homme de position.*

*Un autre forain l'examine,
Mains à la poche du blouson,*

*Et dans son regard se devine
Une assez mauvaise intention.*

*Deux gardes, allant et venant,
Parlent sans doute d'agression,*

*Et le photographe ambulant
Présente au client l'addition.*

*Des enfants jouent dans un fossé
Et se salissent sans façon.*

*Une jeune fille étonnée
Les contemple de son balcon.*

*D'une fenêtre grillagée
Pendent deux perdrix et un pigeon.*

Le voyageur s'assoit sur un banc de pierre de la Place, en tournant le dos à l'hôtel où il passera la nuit. Il se repose au frais et parle avec Félipè le Tailleur.

— Quel pays riche !
— Oui, il paraît l'être !
— Et il l'est réellement. A Sacédon, ce n'est pas comme en certains autres endroits. Ici, plus ou moins, chacun s'en va dormir le ventre plein.

Un moment après, l'autobus arrive. Aucun des endroits que le voyageur a visités, sauf Guadalajara, n'est desservi par le chemin de fer. Les portes de l'autobus s'ouvrent et les gens sautent en bas avec une hâte extraordinaire : ils étaient très mal à l'aise, c'est visible. Une troupe de jeunes filles et de gamins entourent les voyageurs au milieu d'un tumulte assourdissant. Le passage de l'autobus est un tableau très pittoresque, varié et haut en couleurs : une interminable famille de gitans, des enfants pâles et maigrelets qui viennent passer quelques jours chez leur oncle de province, des campagnardes riches et bien vêtues, un marchand de bestiaux en blouse noire et mouchoir de soie autour du cou.

Le voyageur pense — sait-on jamais — qu'il serait prudent d'entrer à l'hôtel, de commander le dîner et de retenir la chambre. L'hôtel est une grande bâtisse, très profonde. Sur l'arc arrondi du portail on lit *Parador.* Dans un coin, sur une petite plaque de porcelaine : *Rue du Docteur Ramon y Cajal ;* au-dessus de la fenêtre, tout le long de la façade : *Hôtel de*

Francisco Perez. Francisco Perez est mort et aujourd'hui c'est son fils, Antonio Perez, qui dirige l'hôtel. Le voyageur regrette que le propriétaire actuel n'ait pas inscrit son nom sur la façade. A une journée de Pastrana, il eût trouvé un certain charme nostalgique à dormir dans un hôtel appelé *Hôtel d'Antonio Perez* [1].

Dans le vestibule, le voyageur se heurte à Martin, le représentant de commerce dont il a fait la connaissance à Trillo et qu'il a revu à Budia.

— Je croyais que vous n'arriveriez pas.

— Me voici, cependant.

— Je suis ici depuis hier.

— Mais vous avez fait le trajet à bicyclette. Aurai-je une chambre dans l'hôtel ?

— Oui, venez voir la patronne. Je l'ai prévenue de votre arrivée.

L'hôtelière est une grosse jeune femme, aussi saine que la santé elle-même et colorée comme une pomme d'api.

— J'ai déjà entendu dire que vous alliez venir.

Le voyageur sourit à Martin. L'hôtelière continue :

— Ici, vous ne trouverez pas de raffinements, mais de la propreté et de la bonne volonté.

— Très bien.

---

1. Le personnage historique auquel l'auteur fait allusion (et qui n'a que le nom de commun avec l'hôtelier de Sacédon) est le fameux Antonio Perez, secrétaire du roi Philippe II et qui eut avec ce monarque des démêlés qui sont restés célèbres, Il était l'amant de la Princesse d'Eboli, dont le palais se trouve à Pastrana, ville proche de Sacédon. *(N. de la Trad.)*

— Que désirez-vous pour dîner ? Je n'ai pas grand-chose, mais ce que j'ai est à votre disposition : des œufs, du veau très tendre, quelques truites, un peu de cochonnailles et des pommes de terre en guise de garniture... Comme dessert vous pourrez manger des tranches d'ananas en boîte, ou des cerises à l'eau-de-vie. Je vous donnerai aussi quelques fruits et, si vous aimez le fromage, nous en trouverons bien un peu par ici. Je ne suis pas très riche en vin, mais j'ai encore quelques bouteilles de vin bouché.

Le voyageur est étonné, stupéfait. La femme semble s'excuser d'offrir si peu : elle croit sans doute qu'elle reçoit un duc. Il est certain que Martin a dépeint le voyageur sous un jour splendide. Le pire, quand on passe pour riche, c'est le moment de payer la note.

En attendant que le dîner soit prêt, le voyageur et son ami vont prendre un vermouth. Le Café est comble, l'atmosphère est à couper au couteau. Quelques tables sont occupées par des joueurs de dominos, d'autres, de cartes. Dans un coin, deux solitaires font une partie d'échecs : ils ont un air grave, solennel, désagréable. A côté d'eux, trois ou quatre badauds sont assis en silence et font des mines admiratives. Si un des joueurs sort une cigarette, le plus proche des badauds lui offre du feu. Si, d'un geste ambigu, il fait signe au garçon, le badaud qui l'a remarqué se charge d'appeler à voix forte et impérieuse. Si un pion, une tour ou un cavalier roule sous la table, le badaud de service s'empresse de le ramasser. C'est un plaisir... Le voyageur n'est pas à l'aise dans ce Café.

— Dès que nous aurons bu notre vermouth nous partirons, voulez-vous ?

— Comme il vous plaira.

Dans la rue, sous l'éclairage d'une vitrine, des jeunes filles chantent en chœur : « *Je suis la petite veuve du Comte Laurel, Je voudrais me marier, Et je n'ai personne qui veuille m'épouser.* »

Sous le porche de l'hôtel, Félipè le Tailleur parle avec des muletiers. Il a donné un picotin d'avoine à son âne et il l'a laissé à l'écurie. Quand il aperçoit le voyageur il s'approche de lui.

— Maintenant, je vais pouvoir m'en aller.

— Non, mon garçon, non. Reposez-vous un peu et partez demain matin de bonne heure. Je vous invite à dîner.

— Ne vous dérangez pas. J'ai porté de quoi manger.

— Qu'importe ! Gardez vos provisions pour le retour et dînez avec moi et avec cet ami.

— Très bien. Si vous me le commandez !

Félipè le Tailleur, Martin le représentant de commerce et le voyageur dînent dans une salle minuscule, brillante de propreté, bien arrangée. Dans une salle à manger qui, c'est facile à voir, ne s'ouvre que dans les grandes occasions. Pendant le dîner, un commerçant roux, myope, la figure ornée d'énormes favoris et qui paraît âgé d'une cinquantaine d'années, fait irruption dans la salle à manger, examine le voyageur et l'apostrophe vivement :

— Dites donc ! C'est vous qui vendez des capsules pour les bouteilles d'eau gazeuse ?

— Moi ? non.

— Et jamais vous n'en avez vendu ?

— Non, Monsieur, je n'ai jamais vendu de capsules pour les bouteilles d'eau gazeuse.

L'homme fait un geste résigné, tourne le dos et s'en va. L'hôtelier explique ensuite que, deux ou trois années auparavant, un représentant avait refilé à ce porteur de lunettes et de favoris, qui avait une petite fabrique de boissons gazeuses à Priego de Cuenca, une livraison de mille capsules, toutes rouillées.

— Ce représentant de capsules vous ressemblait un peu, il était grand, avec des cheveux châtains.

Après le festin, le voyageur allume un cigare qui ne tire pas. Il lui met une chemise de papier à cigarette et il ne tire pas davantage. Aussi le dépose-t-il, presque intact, dans un cendrier de métal qui représente une scène de Don Quichotte en relief, et qui est plein de mégots. Les trois convives restent à table faire un brin de causette et le voyageur aide son ami Martin à combiner son prochain itinéraire, à l'aide d'une carte Michelin. Martin est enchanté.

— Avec ma bourrique d'acier, je suis capable d'aller jusqu'en Sibérie. J'y ai mûrement réfléchi : ou je m'enrichis, ou je crève.

Félipè le Tailleur se retire et va dormir quelques heures. Les deux autres compagnons sortent pour aller faire un tour en ville.

— Nous prenons le café ?

— Comme il vous plaira.

Ils boivent du café debout, sur le zinc.

— Maintenant, nous pourrions rendre visite à un de mes amis. C'est un brave garçon que je n'ai pas vu depuis longtemps.

— Très bien, allons-y.

L'ami est loueur de bicyclettes. Martin fait les présentations.

— Je te présente à un Monsieur de Madrid. Monsieur, voici Paco que nous avons surnommé *Roue Libre*. Ce garçon, bien entraîné, serait l'as des coureurs cyclistes.

La boutique de Paco est pleine d'amis. Il doit être une sorte de héros populaire et sans doute l'un des meilleurs cyclistes de la province. Tout le monde parle du Tour d'Espagne et de ceux qui y participent.

— Carretero n'est plus ce qu'il a été. Quant à Delco Rodriguez, à force de ténacité il s'impose peu à peu. Et il a de bons compagnons, ce qui est très important. Celui qui court seul est un malheureux. Il ferait mieux de rester chez lui.

Le voyageur approuve tout d'un mouvement de tête.

Les habitants de Sacédon aiment veiller, du moins en cette saison. Il est minuit passé quand les deux amis retournent à l'hôtel et, sur les bancs de la Place, comme aux portes des maisons, quelques personnes prennent encore le frais en silence.

Sous le porche, dix ou douze muletiers ou marchands ambulants dorment enveloppés dans leur couverture. Le fabricant de boissons gazeuses ronfle dans un coin et, un peu plus loin, complètement peletonné, Félipè le Tailleur se repose.

Dans la cuisine, le train-train ménager n'est pas terminé. L'hôtelière et deux servantes vont et viennent, d'un côté à un autre, essuyant des assiettes, remettant chaque chose à sa place. Au coin du feu, bas et presque éteint, un homme sommeille et un chat dort. Au mur, les ustensiles en cuivre sont si propres qu'ils brillent comme des soleils et la batterie d'aluminium est accrochée par rang de taille au vaisselier.

Le voyageur souhaite bonne nuit à la patronne et monte dans sa chambre. Martin s'éclipse. Dans la boutique du loueur de bicyclettes le voyageur a saisi au vol quelques réflexions qui laissent entendre que Martin est homme à bonnes fortunes. Le voyageur l'en a plaisanté et Martin s'est rengorgé. Il semblait faire la roue comme un paon.

La chambre du voyageur a un grand balcon qui donne sur la Place — ou plutôt sur la rue du Docteur Ramon y Cajal —, deux lits et un lavabo. A côté de son lit, par terre et bien rangés, le voyageur trouve ses bagages. Sur la table de nuit, un joli « verre d'eau » avec des petites fleurs en relief, bleu et marron et des feuilles vertes. Sous le lit, il aperçoit un pot de chambre en faïence, monumental, un pot de chambre de cérémonie. Il regarde sous l'autre lit et il voit un méchant petit pot de chambre, chétif, ébréché, sans éclat.

Le voyageur se couche, fume une cigarette puis éteint l'électricité. Il est fatigué et ne tarde guère à s'endormir. Le lit est propre, le matelas splendide et le voyageur dort tranquillement, sans sursauts ni cauchemars, pendant neuf heures consécutives.

A son réveil, il s'aperçoit que l'autre lit n'a pas été défait. Martin n'a donc pas manqué son coup.

Quand le voyageur descend pour prendre le petit déjeuner, il trouve Martin bien rasé, bien peigné, avec une chemise propre, des souliers cirés, assis dans la salle à manger et occupé à lire le journal.

— Je lis toujours ce journal, il donne beaucoup de nouvelles de la région. C'est l'*Alcazar,* de Madrid, édition de Guadalajara.

Martin, très empressé, s'en va à la cuisine commander le petit déjeuner. Le cendrier de métal est toujours sur la table, il vient d'être nettoyé mais, au milieu, trône, solitaire et orgueilleux, le cigare entamé que le voyageur a laissé la veille au soir. Réellement, c'est un bout de cigare impressionnant.

Pendant le petit déjeuner — œufs frits aux lardons, café au lait, pain et beurre, fruits — le voyageur parle avec Martin.

— Qu'êtes-vous devenu cette nuit ?

Martin sourit d'un air de collégien en goguette et ne répond pas. Avant de sortir, le voyageur entre dans la cuisine pour voir l'hôtelière.

— Madame, je m'en vais faire un tour en ville et je partirai ensuite. Voulez-vous me donner la note ?

— Oui, Monsieur, elle est prête. Vous me devez cinquante-cinq pesetas.

— Non, comptez-moi tout, le dîner des deux amis d'hier soir et le petit déjeuner de Monsieur Martin. Je vous ai dit que je les invitais.

— Oui, Monsieur, tout est compté. Trente-six pesetas pour trois dîners, cinq pesetas pour la chambre et douze pesetas pour les deux petits déjeuners. J'ai ajouté deux pesetas de service pour arrondir.

Le voyageur fait semblant d'examiner la note et paye. Il veut donner cinq pesetas de pourboire qu'on lui refuse.

— Puis-je laisser mon sac ici ? Je viendrai le chercher ensuite.

— Oui, Monsieur, je le garderai à la cuisine.

Le voyageur sort et va faire une petite promenade. Sacédon est une jolie ville, avec des rues larges, bien tracées. Beaucoup de maisons ont trois étages et les magasins sont bien garnis. Martin lui montre les commerçants qui sont ses clients et ceux qui ne le sont pas.

Un naturaliste ou plus exactement un *pelliquero*, un mégissier qui fait des *pellicos,* vêtements de peau, a placé comme enseigne, à sa porte, une fouine empaillée. C'est un vieux bonhomme rusé comme un renard, très habile et qui ne dit jamais le fond de sa pensée. Il est aimable et souriant, mais on ne le prend pas au dépourvu.

— Aujourd'hui, ce n'est pas comme autrefois. Aujourd'hui, pour mal vivre il faut suer sang et eau.

Il s'appelle Pio, mais on l'a surnommé le *Matou*.

Il est petit, barbu et bigle. Il porte un tablier de cuir tanné, il est coiffé d'un béret informe et dégoûtant. Sa boutique est petite aussi, malodorante, délabrée et en désordre. Accrochée au mur, une plane semble dormir. Sur une table, repose un racloir de cuivre qui attend le maroquin tanné pour l'étirer et le polir. Près de quelques testicules de taureaux desséchées, l'écharnoir montre le bout de l'oreille avec la drayoire et autres instruments de tanneur, de naturaliste et de mégissier ; les vases, pleins d'éclats de caroubier et de tanin, sont posés dans un coin.

— Vous avez beaucoup de travail ?

— Rien du tout, ne vous fiez pas aux apparences, ici, on n'a qu'à mourir de faim.

Martin explique ensuite au voyageur que le *Matou* a la réputation d'être riche et même millionnaire.

Un idiot, assis par terre, se bourre d'abricots.

— Regardez celui-ci. En voilà un qui sait vivre !

— C'est selon !...

Quand il arrive sur la Place, le voyageur aperçoit l'autobus prêt à partir et il a une mauvaise pensée. Il entre à l'hôtel, prend ses bagages et dit adieu à l'hôtelière.

— J'espère que vous êtes content de votre séjour ?

— Oui, Madame, très content.

— Nous vous avons bien servi ?

— Très bien, oui Madame.

— Alors, vous savez où nous retrouver.

— Soyez tranquille, je ne l'oublierai pas.

— Vous prenez l'autobus ?

Le voyageur rougit.
— Oui, mais pas longtemps.
— Jusqu'à l'embranchement de Tendilla ?
— C'est cela, jusqu'à l'embranchement de Tendilla.

10. *Un voyage en autobus*

> *Voyager en autobus, c'est voler comme une poule.*
>
> José Pla

L'autobus est comble et le voyageur se glisse entre des gitans qui occupent la banquette arrière. En Alcarria, le voyageur a rencontré des gitans partout, des gitans qui vivent en paix et en bonne harmonie avec les paysans, des gitans travailleurs et bons artisans — savetiers habiles à remplacer les semelles, forgerons entraînés à battre le fer, chaudronniers qui fabriquent les plus brillantes bassines de cuivre, vanniers qui tressent les plus décoratives et résistantes corbeilles — des gitans sédentaires, inscrits à l'Etat Civil, qui font leur service militaire et voyagent en autobus, des gitans qui font tout comme les autres, sauf de se marier en dehors de leur race.

Le voyageur, en essayant de s'asseoir, marche involontairement sur les pieds d'une jolie gitane, toute jeune. Elle pousse un cri et l'invective :

— Je voudrais qu'un soûlaud d'Anglais te donne une bonne raclée, sauvage !

Quand l'autobus roule, les voyageurs se tassent. Le tassement est quelquefois douloureux.

— Vous m'écrasez le gosse !

L'homme, qui fait des prodiges d'équilibre, répond à la femme sans la regarder ; même s'il le voulait, il ne pourrait pas tourner la tête.

— Mettez-le dans le porte-bagages, Madame, et taisez-vous.

— Il faudra que nous attendions au mois d'août car, pour le moment, il est dans mon ventre.

A peine ont-elles perdu la ville de vue que des boniches commencent à faire du tapage ; elles continueront pendant tout le voyage. Avant de traverser le Tage, une grosse dame dit : « Pardon » et vomit sur un Garde Civil, sur sa femme et sur le nourrisson qu'elle porte dans ses bras. Le bébé dormait à moitié mais naturellement il se réveille et commence à crier. Il crie comme si on l'écorchait. Ce qui n'en vaut vraiment pas la peine, déclare un jeune homme cravaté d'un nœud papillon vert pâle fixé par un caoutchouc de même couleur.

Les boniches chantent sans arrêt, mais changent constamment de chanson. Elles ont d'abord entonné : « *Coquelicot, joli coquelicot* » et elles continuent par « *Où sont maintenant nos jeunes garçons...* », « *Rose de Madrid...* », une adaptation de la marche d'Addis-Abeba et « *Jolie petite, si tu es fauchée...* ».

Un brigadier de la Garde Civile, un sergent de cavalerie et un monsieur vêtu de noir, sérieux, qui a l'air d'un procureur, sont assis à côté du chauffeur.

Les gens parlent des barrages qu'on est en train de construire sur le Tage et le Guadiela. Ils assurent que les travaux seront très importants. Dès la sortie de Sacédon, on aperçoit la *Sierra de San Cristobal,* d'un vert obscur et peu élevée. Un berger garde ses chèvres sur un terrain qui doit être bientôt envahi par les eaux. Au pied de la montagne s'élèvent des fabriques de ciment destinées à la construction des barrages.

Le voyageur, s'il n'était pas monté dans l'autobus, aurait pu traverser l'*Entrepeña* par un raccourci, qui lui aussi disparaîtra sous les eaux.

Le jeune homme au nœud papillon explique au voyageur, en faisant toutes sortes de contorsions pour le regarder, que les deux réservoirs de l'Entrepeña et de Guadiela — ah ! la ! la ! quelle affaire ! — seront reliés par un tunnel pour se niveler « mutuellement ». Le voyageur approuve sans grande conviction. En réalité, que les réservoirs d'Entrepeña et de Guadiela soient ou ne soient pas au même niveau, est une chose qui ne l'empêchera pas de dormir.

Après avoir traversé le Tage, apparaissent des constructions neuves. Ce sont les entrepôts et les maisons d'habitation des ingénieurs. Elles ont un air triste et officiel, un air vulgaire de fabrication en série. La route est en lacets, et la dame qui a mal au cœur a maintenant deux imitatrices, penchées jusqu'à mi-corps en dehors de la portière. Pour arriver aux portières, elles ont dû passer par-dessus les voyageurs.

Pour ne plus penser à tant de nourriture gaspillée, le voyageur, encore en vue du Tage, songe au Jarama, à l'Henarès, au Tajuña, à toutes les rivières qu'il a croisées et se distrait à composer de petits vers qui évoquent ses souvenirs.

*Vers le Jarama
Marche un noir taureau.*

> Une dame
> Et un cavalier.

*Au point du jour
La rivière est dorée.*

> L'aurore se glisse
> Dans le sentier.

*La rivière Hénarès
Déborde d'eau.*

> Un cavalier
> Et une dame.

*Sombres pensées
Et jupon blanc.*

> Le chapeau s'envole !
> L'alouette chante !

*Le ruisseau Tajuña
Au milieu des vergers*

> Une dame
> Et un cavalier.

*La fouine se cache
Entre les blés.*

> Mouchoir noué,
> Rendez-vous donné.

*Le fleuve Tage
Comme un lévrier*

> Un cavalier
> Et une dame.

*Court, ni haut, ni bas,
Des ans et des ans.*

> Une amazone
> Au bord de l'eau.

En traversant Auñon, les servantes chantent « *Rose de Madrid...* « L'une d'elles, grosse, excitée, effrontée, crie : « Vive mon amoureux ! » Les autres, qui semblent plus honnêtes, se bornent à crier « Vive mon pays ! » ou « Vive moi-même ! » ce que jamais personne ne manque de souhaiter.

Le paysage, vert et boisé dans l'ensemble, est le même jusqu'après Alhondiga, jusqu'à une petite maison de cantonniers située au carrefour de la route qui mène à Fuentelaencina, où le plateau reprend.

Alhondiga est un village de briques crues, sur le ruisseau Arlès qui descend du pic Berninchès, dans la *sierra,* derrière l'*Olivar.*

Le voyageur demande au contrôleur comment il pourrait aller à Pastrana.

— Vous pouvez continuer jusqu'à la bifurcation de Tendilla et là vous attendrez l'autobus qui vient de Madrid.

— A quelle heure passe-t-il ?

— A sept heures ou sept heures et demie du soir, environ.

Comme il est onze heures du matin, et que, d'après la carte, la bifurcation n'est éloignée de Tendilla que d'une bonne lieue, le voyageur décide de descendre à Tendilla pour voir le village, déjeuner et s'avancer tout doucement vers le croisement des routes où passe l'autobus de Madrid à Pastrana.

Deux ou trois kilomètres avant d'arriver à Tendilla, à gauche, des ruines s'élèvent, qui semblent assez banales. Le voyageur ne sait pas si elles sont historiques, mais, ce qu'il sait bien, c'est qu'elles lui paraissent sans intérêt.

Le village, situé sur le ruisseau qui lui donne son nom, est précédé d'une belle avenue plantée d'arbres assez épais.

Les gitans se sont endormis et, pour descendre, le voyageur est obligé de les réveiller.

— Au revoir, messieurs, bon voyage.

— Au revoir, mon ami, au plaisir.

Le voyageur, en mettant pied à terre, s'aperçoit que ses jambes sont comme mortes et qu'il peut à peine marcher. Il a mal aux reins, tous ses vêtements sont tirebouchonnés et hors de leur place. L'autobus s'est arrêté en face d'une taverne. Le voyageur y entre pour boire un verre et replacer peu à peu ses vêtements où ils doivent être.

Tendilla est un village tout en arcades basses, sans étages au-dessus, long comme un chapelet de saucisses, étiré au bord de la route. C'est ici que l'écrivain fameux, don Pio Baroja[1], possédait une oliveraie pour être sûr d'avoir de l'huile toute l'année.

Le voyageur parle de lui aux jeunes filles de la taverne, car à ce moment-là il vivait encore.

— Vous connaissez don Pio Baroja ?
— Non, Monsieur.
— Et vous ne savez pas qui il est ?
— Non, du tout, Monsieur.

Leur mère, qui est sortie de la cuisine, intervient.

— Mais oui, petites. La Euphrasia est placée chez lui. Il a acheté cette terre du chemin de Moratillo, contre celle du vieux Pierdecarros.

— Ah ! oui ! mais il ne vient jamais ici. Il doit être fort âgé. Le secrétaire de la Mairie dit que c'est un monsieur très important, tout ce qu'il y a de plus important.

Le voyageur, après avoir bavardé un instant, sort et cherche un endroit où il pourrait déposer ses bagages pour se promener ensuite dans le village. Il passe devant une auberge qui a un panneau de bois accroché au balcon et sur lequel on lit : *Ancien Parador de Juan Nuevo* — Jean Nouveau —. Le voyageur entre mais personne ne vient le recevoir qu'une horrible chienne maigre qui aboie sans égards et montre les dents. Le voyageur attend que quelqu'un arrive ou que la chienne se taise, mais la chienne ne cesse d'aboyer et l'aubergiste n'apparaît pas. Le voyageur

---

1. 1872-1956 — écrivain de grand talent, très fécond, puissant, original et sincère. Il a laissé une quarantaine de romans, de contes et des poésies. *(N. de la Trad.)*

s'avance un peu sous le porche et tape dans ses mains. La chienne, de plus en plus furieuse, s'élance pour lui mordre les jambes. Le voyageur recule et lui donne un tel coup de pied qu'il manque de la tuer en la jetant contre le mur. Ah ! la malheureuse bête, qu'est-ce qu'elle prend ! Elle hurle et s'enfuit en boitant, à moitié estropiée. Ses hurlements attirent une femme.

— Qu'avez-vous fait à la *Perlita* ?

— Laissez-moi tranquille, Madame, avec cette chienne. Pouvez-vous me donner quelque chose à manger ?

— Je n'ai rien à manger, sortez d'ici ! Si vous ne partez pas immédiatement j'appelle mon Juan et vous allez voir comment il va vous caresser les côtes à coups de bâton !

— Ne criez pas tant, Madame ! Il n'y a pas de quoi. N'appelez pas votre Juan, je m'en vais.

> *A l'ancien Parador,*
> *Celui de Nouveau, Jean,*
> *Le chien aboie et mord*
> *Et l'on jette dehors*
> *Le pauvre passant.*

Le voyageur, conduit par un enfant, s'en va jusqu'à l'extrémité opposée du village où il trouve un coquet petit hôtel au sol carrelé et aux murs ornés de portraits encadrés d'or. La patronne, qui est très aimable, offre au voyageur de lui faire cuire une perdrix pour son déjeuner. Il va dans la basse-cour, tire un seau d'eau du puits et commence à se laver. La basse-cour est pleine de volailles et d'oiseaux de toutes sortes : des pigeons, deux douzaines de poules, autant de canards, six ou sept dindons et deux oies magnifiques. Quand le voyageur se penche pour se rafraîchir un peu la nuque, une des oies lui pince si fort la fesse qu'elle ne lui en arrache pas une grande partie parce qu'elle a mal mesuré la distance et qu'elle a tapé dans l'os de la hanche. Le voyageur a une peur bleue, ce qui s'explique car, réellement, nul ne s'attend à recevoir un pareil coup de bec au derrière pendant qu'il se lave. Aussi pousse-t-il un cri perçant. Toute la basse-cour s'affole : les pigeons s'envolent, les poules et les canards épouvantés s'enfuient en désordre de tous côtés, les oies cacardent avec colère, l'hôtelière accourt aux nouvelles et le voyageur, un bâton dans une main et l'autre main posée sur l'endroit douloureux, ne sait s'il doit battre en retraite ou attaquer son ennemie.

— Que se passe-t-il ?
— Il se passe, Madame, que, si je m'étais laissé faire, je n'aurais pu m'asseoir de ma vie.
— C'est une oie, n'est-ce pas ?
— Oui, Madame, c'est une oie.
— Evidemment ! Comme elles ne vous connaissent pas... ! Vous saignez ?

Le voyageur se tâte.

— Non. Il me semble que non.

Les dindons sont les seuls à garder leur calme.

Le voyageur sort et pense que, dans ce village, les animaux sont par trop agressifs. Le couplet qui commence ainsi : « N'achète pas de mule à Tendilla... » a certainement été inventé pour préserver les muletiers de mourir d'une ruade. Qui sait ! Du moins, son auteur anonyme s'est conservé en bonne santé et, quelques vers plus loin, il avertit que, si on achète la mule de Tendilla, elle ne sera pas franche.

En attendant le déjeuner, qui doit être prêt vers une heure, le voyageur va faire une petite promenade. Dans le chemin du cimetière, de vieux murs très jolis, qui sont les restes d'un couvent, sont en partie couverts de lierre. A côté, sur une esplanade, s'élève une croix de pierre, pas très haute, mais aérienne et légère. La vue s'étend sur toute la vallée de Tendilla, avec ses terres fertiles et ses vergers au long de la route et de la rivière, et ses oliveraies à flanc de coteau.

Après déjeuner, le voyageur se dirige à pied, sans se presser, vers l'embranchement des routes où doit passer l'autobus. Pendant ce trajet, d'une lieue environ, il ne croise pas une âme et ne voit rien qui attire spécialement l'attention. La terre est grise, le paysage est monotone, ennuyeux, et on dirait que les gens se sont donné le mot pour ne pas aller par là.

A l'embranchement de Tendilla s'élève une guinguette avec une treille et un porche couvert d'une plante grimpante dont les fleurs répandent une odeur agréable. Les tenanciers ont des bouteilles de bière — qu'ils mettent dans un seau et tiennent dans le puits des heures et des heures pour les rafraîchir —, du bon *chorizo* et du bon pain, ce qui est un excellent goûter. Cette petite taverne, au milieu de la campagne, a une certaine ressemblance avec le Paradis Terrestre. On installe sous la treille un fauteuil de toile pour le voyageur. Il mange du pain et du *chorizo*, boit de la bière et fait un petit somme en attendant l'autobus qui doit l'emmener à Pastrana.

La patronne de la guinguette est très aimable et connaît son métier. Le voyageur, étendu dans cette chaise longue de jardin, déjà reposé puisqu'il n'a pas marché de la journée, se sent comblé. Son imagination se peuple de songes dorés, aussi finit-il par dormir comme un bienheureux. Peut-être même a-t-il le sourire aux lèvres.

Il est arraché à ce doux sommeil par l'autobus qui arrive avec une demi-heure d'avance sur son horaire normal. Les voyageurs pour Sacédon descendent et changent de car ; la moitié des sièges, à peu près, restent vides.

L'autobus tourne dans la route de Fuentelviejo parce que l'autre, celle de droite qu'il prend d'ordinaire, est dégradée et même en partie coupée par une inondation. Fuentelviejo est un joli petit village plein de cachet. Un jeune ménage, qui revient de son voyage de noces à Guadalajara, y descend. Des deux côtés de la route, des cavernes sont précédées d'un siège creusé dans la terre et d'une petite tonnelle de branches mortes. Le terrain est ondulé et verdoyant. A la déviation qui mène à Moratilla de los Méléros, l'autobus s'arrête, trois ou quatre personnes descendent qui vont monter à pied jusqu'au village, distant d'un petit kilomètre.

— Vous avez de la chance d'être venus habiter par ici ! leur dit le chauffeur.

— Tout le monde ne peut avoir le malheur d'être inondé !

Jusqu'à Hueva, la route traverse des terres maraîchères et des vergers travaillés de façon très particulière. A Hueva, le clocher de l'église est penché comme la Tour de Pise. L'autobus est maintenant presque vide et les quelques voyageurs commencent à rassembler leurs paquets, leurs valises, leurs sacs, leurs capuchons.

— Vous êtes de Pastrana ?
— Non, Monsieur.
— Représentant de commerce, peut-être ?
— Non plus.
— Ah !... Alors vous allez sans doute voir un prisonnier ?

11. *Pastrana*

Le voyageur arrive à Pastrana aux dernières lueurs du jour. L'autobus le dépose à l'entrée de la ville, en haut d'une côte longue et raide que sans doute il ne veut pas descendre pour ne pas avoir à la remonter le lendemain matin chargé d'hommes, de femmes, de militaires, de paysans, de malles, de paniers, de caisses, de sacs et de cartons à chapeaux.

C'est une mauvaise heure pour entrer en ville et le voyageur décide de chercher un logement, de dîner, de se coucher et de remettre tout le reste au lendemain. La lumière du matin est meilleure, plus indiquée pour errer à travers une agglomération, parler aux gens, regarder ce qui mérite d'être vu et noter de temps en temps quelques détails ou quelques impressions dans un carnet. De plus, il semble que, le matin, les gens voient l'étranger d'un autre œil, sont moins renfermés, se confient plus facilement, se montrent plus disposés à lui donner le renseignement qui l'intéresse, le verre d'eau qu'il demande ou le papier à cigarettes qui lui manque. Le soir, les gens sont fatigués et l'obscurité les rend inquiets, méfiants, prévoyants. Au contraire le matin, surtout aux approches de l'été, quand les jours sont longs, lumineux et la température plus douce, il semble que tout le monde devienne bienveillant, accueillant et que les villes et les villages aient un nouveau visage, plus optimiste, plus jovial.

La nuit paraît faite pour voler silencieusement, à pas de loup, le bas de laine que chaque famille garde au fond d'un coffre, entre les draps en fine toile de Hollande, la pâte de coing et les châles de Manille ; mais le matin paraît propice à demander l'aumône cordialement, effrontément, les mains dans les poches et le sourire aux lèvres.

— Vous me donnez deux sous ?
— Que Dieu vous les donne, mon ami.
— Bien. Je les demanderai à un autre.

Il ne faut pas entrer de nuit, pour la première fois, dans une ville ni dans une maison. Sur ce point, le voyageur a une expérience personnelle. Il sait que les endroits où il est arrivé avec la lumière du jour lui ont toujours été plus favorables.

En réfléchissant à tout ceci, le voyageur descend, sans trop regarder à droite ni à gauche, vers le centre, vers la Place. Il cherche un hôtel et certainement, sur la Place, on lui en indiquera un. Il ne désire rien d'extraordinaire et n'a pas besoin de luxe. Pastrana est une ville d'une certaine importance et il pourra choisir parmi une demi-douzaine d'hôtels, de pensions, d'auberges et de *paradors*.

Sur la Place, des hommes bavardent entre eux, des jeunes filles se promènent, entourées de Gardes Civils qui s'empressent autour d'elles et les courtisent. Un nombreux détachement de la Garde Civile tient garnison à Pastrana. Dans un coin, des petits garçons jouent au ballon et dans l'autre des petites filles sautent à la corde. On voit aussi quelque gommeux à cravate et quelque excentrique à robe trop courte et hauts talons. Les lumières s'allument et, d'une fenêtre voisine, s'échappe le ronflement de stentor d'une radio.

Le voyageur s'approche d'un groupe.

— Bonsoir, Messieurs.

— Bonsoir.

Celui qu'il a interpellé est le Maire de la ville. Après un instant de conversation, le voyageur et le Maire ont l'impression qu'ils sont de vieux amis. Personne ne les a présentés l'un à l'autre, mais peu importe. Ils ne savent pas non plus comment ils s'appellent et ils pensent sans doute que cette difficulté peut se résoudre facilement. Le voyageur se nomme et le Maire aussi : don Monico Fernandez Tolédano, avocat et homme d'affaires du Comte. Le Comte dont il s'agit est, naturellement, le Comte de Romanonès [1] qui a de grands biens dans la région.

Don Monico est intelligent et cordial, un peu fort, plutôt petit, lecteur impénitent, causeur amène et, de son propre aveu, peu enclin à entretenir une correspondance. Don Monico est un Maire à l'ancienne

---

1. Dernier ministre du roi Alphonse XIII, à la chute de la Monarchie espagnole, en 1931. *(N. de la Trad.)*

mode, qui gouverne la ville en père de famille et qui a un sens classique et pratique de l'hospitalité et de l'autorité. Le voyageur pense que les prévôts du temps passé, dont on ne peut dire s'ils étaient bons ou mauvais, mais qu'on imagine tous intègres et amoureux à la manière des patriarches, devaient ressembler à ce qu'est actuellement don Monico.

Le Maire veut montrer tout de suite une partie de la ville, mais le voyageur, retenu par une lointaine superstition, résiste.

— Demain nous la verrons. Ce soir je suis un peu fatigué.

— Comme vous voudrez. Alors, nous pouvons aller prendre un vermouth.

Il emmène le voyageur au Cercle, qui est situé sur la Place, et les deux nouveaux amis s'assoient seuls à une table. Le voyageur pose son sac de montagne et sa musette par terre. Le Maire appelle le concierge, lui demande deux vermouths et des olives et lui dit de porter les bagages du voyageur à l'hôtel, de retenir une chambre pour une personne, de commander un dîner pour trois et d'envoyer chercher don Paco.

Les assistants, qui sont en train de jouer, saluent le Maire d'un signe de tête et regardent le voyageur quand il passe près d'eux.

Le vermouth et les olives ne se font pas attendre. Don Paco arrive très vite. C'est un homme jeune, à la mise soignée, au teint sainement coloré et aux manières élégantes. Il a un air pensif et un sourire qui voile une légère, une lointaine tristesse.

— Tu m'as fait appeler ?

— Oui. Je veux te présenter à un ami qui parcourt notre région. Voici don Francisco Cortijo Ayuso, mon adjoint.

Don Paco — diminutif familier de Franscisco — est médecin. Sa conversation est discrète, son regard profond, ses jugements justes et sereins.

— Et que dites-vous de notre ville ?

— Je n'ai encore rien vu. Je préfère la visiter demain matin, à la lumière du jour.

— Je crois, moi aussi, que c'est mieux.

Don Monico, don Paco et le voyageur entament une longue conversation, abordent beaucoup de sujets, tout ce qui leur vient à l'esprit, et prennent beaucoup de vermouths et d'olives fourrées de piments. Quand ils se lèvent, le Cercle est vide et quand ils s'assoient pour dîner, dans la salle à manger de l'hôtel, le voyageur n'a presque plus d'appétit...

Le lendemain matin, quand le voyageur sort sur la Place et commence, pour sa documentation personnelle, à visiter Pastrana, la première impression qu'il éprouve c'est de se trouver dans une cité médiévale, dans une grande cité médiévale. La Place *de la Hora* est vaste, carrée, dégagée et très aérée. C'est aussi une place particulière, une place qui n'a que trois façades, une place ouverte d'un côté par une longue terrasse qui domine la vallée, une des deux vallées de la rivière

Arlès. Le Palais des ducs, où fut enfermée et mourut la Princesse d'Eboli [1], est sur la Place *de la Hora*. Ce palais fait peine à voir. L'extérieur tient encore plus ou moins, mais l'intérieur est en ruine. Dans la chambre où mourut la Princesse — une cellule, fermée par une grille en fer forgé très artistique, au premier étage de l'aile droite —, l'Office National du Blé s'est installé. Des tas de céréales et une bascule pour peser les sacs occupent le sol. La pièce est entourée d'une frise d'*azulejos* [2] de toute beauté, d'*azulejos* historiques qui ont vu mourir la Princesse ; mais beaucoup manquent déjà et chaque jour qui passe en détruit un autre. Les muletiers et les paysans qui viennent présenter leurs déclarations de récoltes occupent leurs longues attentes en s'amusant à détacher les *azulejos* avec la pointe de leur couteau. La pièce voisine, qui est immense et qui tient tout le milieu de la façade, offre encore les restes d'un noble plafond à caissons qui menace de s'effondrer d'un moment à l'autre.

1. Ana de Mendoza, veuve du Prince d'Eboli, grande dame intrigante, remuante et belle, dit-on, quoique borgne, devint, malgré ses dix enfants, la maîtresse d'Antonio Perez, secrétaire du roi Philippe II. Elle participa à la révolte d'Antonio Perez contre le souverain. Elle tint tête au roi qui, au bout d'un certain temps, perdit patience et l'enferma dans son Palais de Pastrana où elle mourut à 52 ans en 1592. *(N. de la Trad.)*
2. Carreaux de faïence vernie, ornés de dessins en camaïeu ou multicolores, certains d'une grande valeur artistique. Ils servaient à lambrisser les pièces des maisons anciennes, à décorer les murs extérieurs, les cours, ou *patios*, les fontaines, etc. *(N. de la Trad.)*

Dans le *patio,* on charge une charrette attelée de mules, des poules picorent la terre, d'autres fouillent un tas de fumier, deux enfants jouent avec des baguettes et un chien est étendu au soleil dans une attitude ennuyée.

Le voyageur ne sait pas à qui ce Palais appartient actuellement. Quelques-uns lui disent que c'est aux descendants des ducs de Pastrana, d'autres à l'Etat, d'autres aux Jésuites ; mais il pense qu'il doit appartenir à quelqu'un qui a peu de sympathie pour Pastrana, pour le Palais, pour la Princesse d'Eboli et pour tout ceci réuni.

Un curé de la ville, don Eusequio Garcia Merchantè, avait voulu faire un musée de Pastrana dans le palais. Il existait sur place des éléments suffisants pour réaliser ce projet et il eût été possible de chercher à les compléter. Le fonds aurait été formé par la fameuse collection de tapisseries d'Alphonse V de Portugal.

L'idée de don Eusequio ne fut pas accueillie comme elle le méritait, elle n'eut pas de suite et Pastrana est toujours sans musée. Bientôt, la ville n'aura plus de palais et elle a vu s'envoler les tapisseries qui sont maintenant à Madrid. Don Eusequio a laissé des traces de sa tentative dans un livre intitulé : *Les Tapisseries d'Alphonse de Portugal qui sont conservées dans l'ancienne Collégiale de Pastrana* — Edition Catholique Tolédane — Rue de Juan Labrador n° 6 — 1929.

Aujourd'hui, comme nous venons de le dire, les tapisseries ne sont plus dans l'ancienne Collégiale de Pastrana. De temps en temps, les habitants les réclament, mais leurs voix tombent dans le vide. Leur argument est cependant irréfutable : « Rendez-nous ce qui nous appartient », mais on leur répond qu'à Pastrana ils n'ont pas un endroit convenable pour les abriter et que, dans la sacristie où on les gardait autrefois, elles s'abîmaient et se perdaient.

Le voyageur n'a pas voix au chapitre et personne ne lui demande son avis ; mais il pense qu'avec cette façon de transporter toutes les œuvres d'art dans les musées de Madrid on est en train de tuer la province qui, en définitive, est le pays même. Les choses sont toujours mieux un peu comme elles viennent, un peu en désordre. L'ordre administratif des musées, des fichiers, des statistiques et des cimetières est froid. C'est un ordre inhumain, un ordre anti-naturel. En définitive, c'est un désordre. L'ordre véritable, c'est celui de la Nature qui n'a pas encore produit deux arbres, deux montagnes ou deux chevaux semblables. C'est une erreur d'avoir enlevé les tapisseries de Pastrana pour les mettre à Madrid. Il est toujours beaucoup plus agréable de rencontrer les belles choses par hasard que d'aller les chercher à coup sûr et sans risque de fraude. Enfin...

Deux portes donnent accès à la Place *de la Hora*. Celle de gauche tourne le dos à la façade du Palais et conduit au quartier maure de l'Albaicin. Celle de droite ouvre sur le quartier chrétien de *San Francisco*.

Le voyageur sort et se promène à travers la ville. Il parcourt les rues aux vieux noms, les rues pavées de petits cailloux ; il s'arrête devant les maisons aux portes cloutées, bardées de grosses ferrures, aux balcons ornés de pots de géraniums, d'œillets, d'asparagus et de basilics. Les rues de Pastrana ont de beaux noms très évocateurs : rue de *las Damas, del Toro,* de *las Chimeneas,* de *Santa Maria,* de *l'Altozano,* du *Regachal,* de l'*Higueral,* de l'*Heruelo de Moratin.*

C'est à Pastrana que Moratin [1] écrivit *Le Oui des Jeunes Filles* et se maria en secondes noces. Il aurait été possible de conserver une partie de sa maison.

Le voyageur, sur la Place des *Cuatro Caños* admire une élégante fontaine aux lignes élancées, en forme de coupe, couverte d'une dalle fendue par les ans et surmontée d'un pion du jeu d'échecs. L'eau ne coule pas dans la fontaine et entre les fissures de la dalle quelques mauvaises herbes disgracieuses ont poussé. Pour que le voyageur puisse prendre une photographie, le Maire donne l'ordre de faire couler l'eau. Un employé de la Mairie va chercher un morceau de fer et débouche les conduits. Des femmes en profitent pour remplir leurs cruches et leurs jarres.

Le portique de l'église de Notre-Dame de l'Assomption est bordé d'une guirlande de roses-thé. L'église est fermée, le curé n'est pas au presbytère, il est sorti faire un petit tour. Après bien des allées et venues et bien des recherches, on trouve le sacristain. Le sacristain et le voyageur parcourent l'église qui a dû avoir

---

1. Léandro Fernandez de Moratin (1760-1828) Auteur dramatique, poète classique sobre et discret, excellent écrivain. *(N. de la Trad.)*

une certaine importance. Le sacristain est très érudit et, au cours de la visite, il explique une quantité de choses que le voyageur oubliera bientôt. L'ermite Juan de Buenavida y Buencuchillo est enterré dans l'église. C'était certainement un personnage et il paraît qu'il va être béatifié. Le voyageur pense que cet ermite usait d'un nom impressionnant — Jean de Bonnevie et de Boncouteau —, un nom fait pour une complainte d'aveugle et qui aurait été mieux porté par un bandit de grands chemins et par un gibier de potence que par un futur bienheureux.

L'église est historique et chargée des souvenirs d'une grandeur passée ; mais le voyageur juge que son portique avec sa guirlande de roses-thé est ce qu'elle possède de plus beau. Autrefois, elle a été le siège d'un chapitre de quarante et quelques chanoines et prébendiers et aujourd'hui — est-ce parce qu'elle n'a pas su les conserver ? — le chœur est vide, sans un seul clerc.

Pastrana rappelle, d'une manière imprécise, Tolède et parfois Saint-Jacques de Compostelle. Avec Tolède elle a des points de ressemblance certains, évidents : une ruelle, un porche, un coin de rue, la couleur d'une façade, quelques nuages. Avec Saint-Jacques de Compostelle, elle a une vague analogie sentimentale. Le voyageur ne sait pas expliquer autrement ce qu'il éprouve.

Pastrana, qui a été une cité de grandes traditions ecclésiastiques, est aujourd'hui presque sans degré. Son Chapitre n'eut d'égal, dit-on, que celui de Tolède et son couvent de Carmélites Déchaussées, fondé par Sainte Thérèse, abrita Saint Jean de la Croix.

Actuellement, le Chapitre n'existe plus et le couvent n'a plus aucune importance.

Le couvent, qui s'aperçoit de la Place *de la Hora,* est situé sur une hauteur, à la jonction des deux vallées de l'Arlès. Le voyageur et ses amis descendent la route et prennent ensuite un petit sentier qui mène au couvent par le côté opposé. Il faut monter une côte très raide et, pour reprendre souffle, le petit groupe s'assoit à la porte d'une maison, une ancienne fabrique de papier à dessin, à l'ombre d'un noyer aux branches noueuses. Quelques pas plus loin, un mendiant pittoresque s'épouille au soleil. Dès qu'il voit les trois hommes il se lève et s'approche d'eux pour demander l'aumône. Il est coiffé d'un vieux béret qui a pris, avec les années, la forme d'une casquette à visière et il porte son veston et son pantalon directement sur sa peau dure et tannée comme du cuir. Le père Remolinos, sans veston et le torse nu, semble un vieux guerrier malchanceux, un capitaine vaincu qui ne croit plus à rien, n'espère plus rien, ne craint plus rien, pas même le froid. Il est sale, hirsute, mais l'expression de son visage laisse encore percer un certain noble scepticisme et un certain quant-à-soi. Le père Remolinos est un mendiant d'autrefois qui a le sentiment des convenances et de la tenue, un mendiant qui connaît son métier, qui ne s'est jamais étonné de rien, n'a jamais travaillé et n'a jamais fait mauvaise figure à la vie.

Pour monter au couvent du Carmel il faut prendre la côte qui mène à l'ermitage de Saint-Pierre d'Alcantara. En dessous se trouve la grotte de Saint-Jean de la Croix et à droite, dressé comme une figure de proue, l'ermitage de Sainte-Thérèse. Tous ces endroits ont inspiré une nombreuse littérature et ils sont ornés avec des os humains, des inscriptions qui rappellent la brièveté de la vie et la manière dont elle finit. Véritablement, pour une personne un peu impressionnable ou nerveuse, cette visite ne doit pas avoir des effets qu'on pourrait qualifier de thérapeutiques. La grotte de Saint-Jean de la Croix est à moitié effondrée et son entrée est presque obstruée par les ronces. Il suffirait de deux poutres pour la remettre dans l'état où elle se trouvait quand le saint l'habitait et, en une demi-heure, le feu aurait raison des broussailles qui l'encombrent.

Le couvent est à cent pas, peut-être moins, des deux ermitages. Il appartient actuellement aux Franciscains. Un Frère à la mine prospère, au visage coloré et qui fume des cigarettes ordinaires, accompagne les trois amis.

Le voyageur, qui a sa petite histoire familiale en relation avec l'Ordre de Saint François, la raconte au Frère.

— J'ai un grand-oncle, ou un grand-grand-oncle franciscain qui a été martyrisé par les infidèles à Damas. Il est béatifié depuis longtemps déjà.

— Comment s'appelait-il ?

— Frère Juan Jacobo Fernandez.

— Je ne le connais pas.

L'oncle bienheureux du voyageur ne paraît pas impressionner le Frère.

— Maintenant, dit-il, il faut que nous posions des tuiles neuves aux toitures et l'an prochain, si Dieu le permet, nous réparerons un peu la galerie.

Le voyageur et ses amis, guidés par le Frère, parcourent le couvent et arrivent à la bibliothèque.

— Nous avons ici quatre ou cinq incunables. Pour les mieux conserver, nous les avons fait relier.

Et le Frère montre au voyageur les incunables dont les marges paginales ont été coupées d'un doigt, de chaque côté, par la guillotine du relieur.

— Nous avons aussi un musée d'Histoire Naturelle. Vous le verrez ensuite. Il est très en désordre. Quand « les rouges »[1] sont entrés ici, ils ont tout bouleversé.

Lors de cette visite, la guerre civile était terminée depuis sept ans.

La petite troupe, en se dirigeant vers le musée d'Histoire Naturelle, traverse une classe. Les écoliers se lèvent. Ils sont curieux à observer : il y en a de toutes les couleurs de cheveux, de toutes les dégaines et de tous les âges.

— La plupart de nos animaux viennent des Iles Philippines.

Dans le musée, tout est sens dessus dessous et couvert de poussière. Il produit une impression de tristesse, mais cette tristesse pourrait disparaître en un

---

1. Les armées opposées aux franquistes, pendant la guerre civile. (*N. de la Trad.*)

mois, si on installait ici un expert qui mettrait chaque chose à sa place et une servante armée d'un balai.

Le Frère parle des malheurs du couvent avec une certaine indifférence, comme s'il ne se rendait pas tout à fait compte que ce sont des malheurs mais des malheurs qui pourraient facilement cesser de l'être.

Le couvent est beau et il représente une grande tradition. Aussi le voyageur pense que c'est dommage qu'il ne fasse pas plus d'efforts que Pastrana pour se relever.

Dans son livre, déjà cité, don Eustoquio Garcia Merchantè, qui use d'une belle prose classique, entonne une lamentation sur les gloires perdues et chante la louange des temps passés, de ces temps meilleurs, pense-t-il, quels qu'ils aient été, que les temps présents :

« Pastrana est aujourd'hui une ville déchue.

« Les portes de la forteresse, qui autrefois la protégeaient, ne grincent plus sur leurs gonds et la garde de nuit ne parcourt plus le chemin de ronde. De vaillants soldats à la belle prestance ne font plus résonner dans ses murs les hymnes belliqueux, expression de l'esprit guerrier des siècles médiévaux. »

Le voyageur croit que don Eustoquio exagère. Pastrana, sans ronde de nuit, sans vaillants soldats, sans esprit guerrier et sans Moyen Age, est une cité comme les autres, mais plus belle que beaucoup d'autres. Elle monte ou descend, croît ou diminue selon que les bons génies lui sont propices ou lui tournent le dos. Pastrana offre peut-être l'explication de ce qui se passe en Espagne plus souvent qu'il n'est nécessaire. La gloire passée épuise et finalement annihile les volontés ; et sans volonté tournée vers le présent, mais au contraire obstinée à contempler les grandeurs d'autrefois, on résout mal les problèmes de chaque jour. Si la tête est pleine de souvenirs dorés et le ventre vide, les souvenirs dorés s'estompent insensiblement. Peu à peu, sans que personne ne l'avoue, on en arrive même à douter qu'ils aient un jour réellement existé ou, tout au plus, leur fait-on l'aumône de les juger comme une valeur inutile.

Le tableau de Velasquez, *Les Tissandières*[1], représente, prétend-on, un atelier de tissage de Pastrana. C'est très probable, mais le voyageur pense qu'il eût été autrement profitable à Pastrana de conserver sa filature plutôt qu'une œuvre d'art extraordinaire qui la rappelle et qui, pour comble, n'est pas à Pastrana.

En face du couvent, sur la colline appelée *La Cuesta de Valdeanguix*, se trouvent les Grottes du Maure, très longues et dont certaines atteignent une profondeur de soixante mètres. Le voyageur ne monte pas la colline et ne descend pas dans les grottes. Il est impossible en un seul jour de piétiner à travers toute l'étendue de Pastrana et le voyageur manque de courage pour faire un pas de plus.

De retour à l'hôtel de la Place, il étend la carte de la région sur la table de la salle à manger, grande

---

1. *Las Hilanderas*, au musée du Prado, à Madrid.

comme une table de conseil d'administration, et se prend à réfléchir. Au sud, une boucle du Tage entoure *Zorita de los Canes,* ancienne place forte qu'Alvar Fañez [1] commanda.

Don Monico est parti et don Paco, de la terrasse qui forme un des côtés de la Place, contemple la vallée. Le voyageur se lève, boit une gorgée de cognac, allume une cigarette et s'approche, lui aussi, de la terrasse où se balance mollement un air transparent et comme las. Il regarde vers la droite, vers la façade du Palais, alignée sur celle de l'hôtel, et il aperçoit, presque à portée de la main, la grille qui gardait la Princesse d'Eboli. Le voyageur, qui est aussi espagnol que n'importe lequel des habitants de Pastrana, s'émeut en pensant que, derrière ce mur si proche de lui, vécut de mauvaises heures et finit par mourir cette dame énigmatique, belle, borgne, douée d'après les apparences d'un tempérament chaud, qui exerça tant d'influence et donna tant de fil à retordre aux puissants du jour. Le peuple de Pastrana l'appelle sans ménagements « la putain ». Le peuple de Castille est attaché aux institutions et aux principes et il existe une chose qu'il ne pardonne pas : c'est que les riches passent outre aux commandements de Dieu, et une autre dont il ne se prive pas : c'est la jouissance de nommer, avec une cruauté totale, le pain, pain et le vin, vin.

— La ville vous a plu ?

1. Personnage du *Romancero*, héroïque guerrier et fidèle compagnon du Cid. *(N. de la Trad.)*

— Beaucoup. Pastrana est une grande cité, peut-être un peu endormie.

Don Paco sourit pensivement. Il se tait un court instant et tourne la tête vers le voyageur.

— Nous avons encore trois heures de jour. Voulez-vous que nous prenions la voiture et que nous allions à Zorita ?

— Je crois bien que je le veux !

L'excursion à Zorita est délicieuse et rapide. Le voyageur éprouve une étrange impression d'aller si vite et sans fatigue. Il avait pris l'habitude de mesurer les distances sur la carte par heure de marche ; le trajet jusqu'à Zorita, calculé à l'usage d'un piéton, aurait duré un jour entier, en suivant le bord de l'Arlès jusqu'à sa jonction avec le Tage et sans rencontrer un seul village.

Le Tage passe à Zorita
Tel un sultan.

Frais comme une jeune fille,
Les champs verts et florissants.

Le ciel, couvert d'une lévite
Ou d'un macfarlane.

Ici, maintenant, plus n'existe
Loi de l'espace ni du temps,

*Car le château de Zorita
Tient encore, tout oscillant.*

*Un petit lutin l'habite,
L'habite depuis longtemps, laran, laran...*

Zorita de los Canes est situé dans une boucle du Tage, à côté des inutiles piliers d'un pont qui ne fut jamais construit, entouré de cultures de chanvre et couché à l'ombre du château de l'Ordre de Calatrava. Quelques murs du château sont encore debout, deux ou trois arcs et deux voûtes. Il est placé dans une position stratégique, sur un monticule rocheux d'accès difficile. Au versant opposé, deux petits bergers gardent un troupeau de chèvres. L'un des bergers, assis sur une pierre, grave une baguette de frêne avec la pointe de son couteau pendant que l'autre, étendu dans l'herbe verte, essaie de tirer des sons d'une flûte de roseau.

Le château devait être une puissante forteresse. Maintenant, les arcs et les voûtes sont en équilibre instable et menacent de s'effondrer d'un jour à l'autre.

Les habitants de Zorita sont aimables et intelligents. Don Paco raconte au voyageur qu'ils se laissent vacciner sans difficulté. On leur annonce l'opération, on leur explique qu'elle est bienfaisante et qu'il serait dangereux de ne pas s'y prêter, on désigne un jour et, le moment venu, la population entière se présente. Avec un médecin et un infirmier le village est vacciné du matin au soir. C'est un plaisir !

A *Zorita de los Canes,* les gens sont blonds comme les Allemands et les Anglais. Ils ont les yeux bleus, ils sont grands et bien proportionnés. Les jeunes femmes se coiffent en partageant leurs cheveux par une raie médiane et en les tressant en deux nattes. Elles sont très propres, très soignées, et la blancheur de leur peau fait ressortir le rose de leurs joues.

Zorita est un village qui vit en famille, en paix et dans la grâce de Dieu.

En face, de l'autre côté du fleuve, on aperçoit les restes de la cité wisigothe de Récopolis et, en sens contraire, sur la route qui mène à Albalatè, on devine Almonacid de Zorita, le village où vécut, dans sa boutique de pharmacien, le poète Leon Felipè, voici un quart de siècle.

Don Paco et le voyageur quittent Zorita à la nuit tombante. Ils ont goûté dans une taverne. Les tenanciers voulaient leur faire payer seulement le vin sous prétexte que le reste de ce qu'ils avaient consommé était pris sur les provisions de la maison. Puis ils se sont attardés à parler avec les uns et les autres.

Pendant le voyage de retour, le voyageur, assis près de don Paco, pense que son excursion en Alcarria est terminée. Cette idée le réjouit et l'attriste à la fois. Il a appris beaucoup de choses et sans doute en reste-t-il beaucoup à apprendre. Il est allé où il a voulu et s'il n'avait pas envie de passer par ici, il est passé par là...

Le ballottement de la voiture l'endort. Il pique deux fois du nez, puis incline la tête sur l'épaule de don

Paco, le médecin, l'homme au sourire toujours voilé d'une légère, d'une lointaine tristesse.

En arrivant Place *de la Hora,* le voyageur se réveille.

— Vous avez fait un petit somme ?

— Oui, Monsieur, et excusez-moi de m'être appuyé contre votre épaule.

Sur la Place, les hommes se réunissent en groupes et font la conversation ; les jeunes filles se promènent, accompagnées par des Gardes Civils coiffés du bonnet de police, par de jeunes Gardes Civils qui les complimentent et s'en font aimer. Des petits garçons jouent aux palets dans un coin et, dans le coin opposé, des petites filles sautent à cloche-pied. Un élégant traverse l'esplanade et une gracieuse et pimpante demoiselle, finement chaussée de souliers à hauts talons, se met à rire.

De la montagne du Calvaire la nuit tombe sur Pastrana.

Sur la Place de la Hora
La nuit peu à peu s'étend.

Une dame en pleurs
Veille aux pieds du Seigneur.

La cloche du vieux clocher
Doucement vient de tinter.

Dans le ciel de Pastrana
Un autour passe en volant.

Les lumières commencent à s'allumer et le haut-parleur d'un bar jette contre les vieilles pierres les sons rythmés d'un *boogie-boogie*.

Don Monico, don Paco et le voyageur entrent au Cercle prendre un vermouth et des olives fourrées d'anchois...

Table

DÉDICACE 9
PRÉFACE 13
1. Quelques jours auparavant 17
2. Sur le chemin de Guadalajara 22
3. De l'Hénarès au Tajuña 41
4. Brihuega 63
5. Du Tajuña au Cifuentès 87
6. Du Cifuentès au Tage 107
7. Du Tage au ruisseau de la Soledad 129
8. Du ruisseau de la Soledad au ruisseau Empolveda 153
9. Casasana, Corcolès, Sacédon 171
10. Un voyage en autobus 196
11. Pastrana 208

*Reproduit et achevé d'imprimer
par l'Imprimerie Floch
à Mayenne, le 2 novembre 1989.
Dépôt légal : novembre 1989.
1er dépôt légal : juin 1961.
Numéro d'imprimeur : 28618.*
ISBN 2-07-021299-8 / Imprimé en France.

47784